"可见学习"视域下的小学教育教学思与行

马新银 ◎ 主编

中国出版集团　现代出版社

图书在版编目（CIP）数据

"可见学习"视域下的小学教育教学思与行/马新
银主编. —北京：现代出版社，2023.7

ISBN 978-7-5231-0456-9

Ⅰ.①可… Ⅱ.①马… Ⅲ.①小学教育—教育研究
Ⅳ.①G622.0

中国国家版本馆CIP数据核字（2023）第136217号

"可见学习"视域下的小学教育教学思与行

作　　者	马新银
责任编辑	吴永静
出版发行	现代出版社
地　　址	北京市安定门外安华里504号
邮政编码	100011
电　　话	010-64267325　64245264
网　　址	www.1980xd.com
印　　制	北京政采印刷服务有限公司
开　　本	710mm×1000mm　1/16
印　　张	13.5
字　　数	216千字
版　　次	2023年7月第1版　　2023年7月第1次印刷
书　　号	ISBN 978-7-5231-0456-9
定　　价	58.00元

目录

第三章 小学语文学科实践中的"可见学习"

第四章 小学数学学科实践中的"可见学习"

第一章

"可见学习"：
未来学校教育的新形态

自2014年全面深化课程改革以来，我国基础教育改革全面步入核心素养的目标建设阶段。发展学生新时代所必需的核心素养和关键能力，是全面深化课程改革、落实立德树人根本任务的现实要求。深度学习作为信息时代教学变革的必然选择，成为促进学生核心素养发展的重要路径。"可见学习"是基于实现学生深度学习而形成的一种新的教育理念，对学生学科素养的培养具有积极影响和重要作用。

基于学科素养培育的"可见学习"研究

马新银

改革育人方式，实现学科育人功能，是全面提高教育质量的内在要求。"可见学习：导向课程育人的学科实践体系探索"是我校重点发展项目，旨在结合深度教学理论与实践，构造促进核心素养生成的学习形态，推动学校教育教学改革，促进学校教师专业发展，使学习的过程同时成为学生的认知发展、社会理解、美德养成、文化认同、生命感悟的过程，让学习真正成为建构意义的发展性活动，最终实现学生学习可见、发展可观、素养可现。

一、倡导"可见学习"的理据：学习境遇与时代诉求

（一）基于社会发展对培养人才高阶能力的要求

在当前全球竞争被理解为人才竞争的背景下，发展高阶能力已经成为各国教育改革的核心议程。对于中国而言，发展高阶能力的需求似乎比其他国家都要迫切。因此，发展战略必须从数量发展转向高质量发展，必须从"中国制造"转向"中国创造"，而这种转型需要具备高阶能力的人才作为支撑。这就意味着，中国教育的使命要面向所有人，培养具有全球竞争力的高阶能力的人才。学校教育是面向未来的教育。学校作为培养人才综合素质的主要渠道，应当开发更为有效的方式，使学生的综合素质的提升与社会发展要求相适应。因此，"可见学习"的教学形式应运而生。

（二）基于教育发展战略对培养社会主义建设者和接班人的要求

全面深化课程改革、落实立德树人根本任务，是当前深化教育领域综合改革的重要内容。深化课程改革必须注重发展学生的核心素养。核心素养既对"怎样

培养人"提出了要求，又回答了"培养什么人"的问题。在新时代新形势下，我们的教育必须把培养社会主义建设者和接班人作为根本任务，这是教育工作的根本任务，也是教育现代化的方向目标。以"智慧生态园"为起点的水果湖第一小学"可见学习"实践研究符合社会发展对基础教育的要求，通过多主题、多任务的复合型学习，旨在构建德智体美劳全面发展的教学体系，优化学科结构，突出创新意识和实践能力，为培养更多创新人才、高素质人才打下坚实的基础。

（三）基于课堂变革的要求及学校特色发展的需要

课堂教学直接影响学生素养与思维，关乎学生生命成长与未来发展，关乎社会思想的丰富与进步。因此，新课标背景下，运用"可见学习"理念推进深度学习，实现学科育人功能，需要对教学进行创新。"可见学习"的主题符合以"STEAM教学"为主导的现代化教学理念，在实施过程中能够融合科学、技术、工程、环境、数学、艺术、语言等多种学科，有利于小学生素养的全方位提升。同时，"可见学习"研究在各学科的推进也符合小学的课堂改革需求，并能够在整体上对学校的教学改革及设施进行现代化升级，建设高科技、多维度、立体式、信息化校园。

（四）基于学生必备品格和关键能力发展的需要

基于大数据时代学生个性化、多元化学习的需要，"可见学习"在现有学科的基础上对学生的学习生活进行了丰富，创设"自主+合作+探究"平台，搭建良好的学习支架，提供充分的"工具箱、资源包"，采用有趣的独学、对学、群学、合学、展学等学习方式，把"闻知、说知、亲知"学习过程交给学生，为学生们提供了在多学科融合过程中各展所长的机会。以"智慧生态园"为起点的"可见学习"活动过程包含大量的设计、实验、宣传等活动，学生在真实的生活情境中学习，沉浸在真实的解决问题之中，并通过创造性的实际研究，得到真实、有深度的体验式学习，最终实现真正的素养生长。

二、理解"可见学习"的内涵：核心理念及价值取向

（一）理论基础

"可见学习"理论是由约翰·哈蒂率先阐释的，约翰·哈蒂认为"可见学习"即最大限度地促进学习。"可见学习"于教师（于学校）而言，可解释为是否对所有学生产生了影响，是否影响到学生对学习的热爱之情，是否影响到

学生持续学习，是否为学生指明健康地探索人生的方式，是否能引导学生尊重自我、尊重他人，然后提升成绩。"可见学习"还指使教学对学生可见，从而使学生成为自己的教师。此理念旨在促使学生具有终身学习或自我调节的核心属性，成为具有高阶思维品质等良好素养的生命。

我国传统教育强调教师在训导和改变方面的作用，这其实就是"可见学习"的理念。《礼记·学记》："君子既知教之所由兴，又知教之所由废，然后可以为人师也。故君子之教，喻也，道而弗牵，强而弗抑，开而弗达。"教师要了解学生的认知现状与思维、情绪等，要循循善诱，师生互动，让学生学会思考。这其实就是主张让教师可见学生思想，让学生可见教师态度的教育。

在"可见学习"中，教师不是简单地传授知识，而是要保持自己的热忱，不断丰富自己的"心智框架"，发展自己的专业素养，提升自己对学生的影响力，用仁爱、关怀、纪律、尊重培育学生的智力和想象力，致力于最大限度地发掘学生的潜能。2014年以来，约翰·哈蒂从新兴的学习科学中寻找证据，提出了一个修正了的模型，即基于学习阶段的内容素养教学的策略模型。该学习模型包括三个阶段（表1-1）。

第一，在表层学习阶段，学生必须投入大量时间去熟悉和掌握某个学科领域或主题的基本概念、事实和原则，建立扎实的知识基础，这样才有可能将概念或观点联系起来并进一步拓展。

第二，在深度学习阶段，学生要进行关系加工和精细加工，以使知识结构化，并尝试超越单一的知识，形成思维框架。

第三，在迁移学习阶段，学生能够从情境中提炼出问题，形成假设，知道如何展开探究和调整学习的方向。在某种意义上，学生成为自己的老师。

表1-1

学习阶段	定义	主导问题	过程	策略及其效应量
表层学习	原始知识基础的习得和巩固	关键的事实和原则是什么	复述、记忆和反复练习	利用先前知识（d=0.67）
				词汇技巧（比如分类、单词卡片、记忆术，d=0.67）
				语境中的阅读理解（d=0.60）
				总结（d=0.59）
				关于学习主题的广泛阅读（d=0.42）

续 表

学习阶段	定义	主导问题	过程	策略及其效应量	
深度学习	与技能和概念的互动	这些事实和原则是如何联系在一起的	计划、组织、精加工和反思	讨论和提问（d=0.82）	
				交互式教学（d=0.74）	
				元认知策略（d=0.69）	
				概念图（d=0.60）	
迁移学习	组织、综合和扩展概念性知识	什么时候以及如何运用这些事实和原则，以实现我的目标	在知识基础和新情境之间建立联系	阅读不同主题的文献，进行概念组织（d=0.85）	
				正式讨论（比如辩论，苏格拉底式对话）（d=0.85）	
				问题解决教学（d=0.61）	
				扩展写作（d=0.43）	

由此可见，"可见学习"认为真正对学习有作用的学校属性是使学习可见的"进程"属性，指出保持学习的优先地位，并且以对学生的学习产生的影响作为思考教学的根本，教学的目的是促成学生成为自己的老师，掌握终身学习的能力。"可见学习"是"可见的教和可见的学"。教师和学生都致力于所追求的目标是否实现、实现程度如何，教师自我调控教学进程，学生自我调控学习状态，是单一教学观念到多元教学观念，是表层学习到深层学习，是教师和学生充满热忱地参与教和学，建构、重构知识观念的过程。

（二）核心理念

当教师通过学生的眼睛看见学习正在发生并且帮助学生成为他们自己时，"可见学习"就产生了。"可见学习"本质是以教师为中心的教和以学生为中心的学的结合。所谓可见的教，即教师要成为教学的激活者而不是辅助者，应更直接和积极地进行教学；所谓可见的学，即学生应具备独立构建知识的能力，而教师要做的应该是培养学生建构知识的能力，在他们习得这种能力后"退出"他们的学习，让他们独立建构。

通过对"可见学习"的分析可概括出"可见学习"的主要内涵：第一是让学习可见，"见"是表现、看见的意思，要用完整的学习过程、丰富的学习层次、多样的学习投入来体现"可见"。第二是让思维发生，需要以问题为导向，让学生规范地经历逻辑思维的基本过程，应用逻辑思维的基本形式，经由动作思维、逻辑思维到高阶思维。第三是让文化浸润，师生均要体现文化回应、具有文化敏感性，用文化浸润课堂，实现文化育人。第四是让生命灵动，促进学生生命与知识的相遇，让学生"活"起来，培养学生责任担当与生命旨趣。第五是让素养表现，聚焦于学生的必备品格和关键能力，让核心素养可见，实现学生精神发育。

"可见学习"对如何改变学生的"学"方面进行了解答。兼容了目前课改中广泛提倡的自主、合作、探究式、体验式、项目式等学习方式，有利于培养学生的逻辑思维能力、组织能力、团队协作能力、动手能力、终身学习能力以及责任感，并通过创造性的实际研究，使学生进行真实有深度的体验式学习，提升自主学习、合作学习、探究学习能力。

"可见学习"对如何改变教师的"教"也进行了解释。"可见学习"需要教师在教学中营造最有益于学习的氛围，以自己的灵慧和热忱激发学生的求知欲；在清晰的教学目标指引下确立学习任务，挑出最重要最有效的方式来帮助学生达成知识观念的意义理解；设计交流与表达的可视化，让教师及学生实时监控，双元、深层地立体反馈学业效果及层次，改进教学与学习策略，以教师的信任和影响对学生学习的效果产生最积极的影响。

三、促进"可见学习"的发展：模型建构及实践运用

（一）理论研究阶段

任何学习的发生都需要相应的外部条件和内部因素。学习的外部条件是指学习的支持性环境或给养基础，内部因素是指学习者自身所具备的学习状态和学习能力。这些内外部因素共同作用于学习行为和学习过程，形成学习发生的关键性要素或促进因素。我校"可见学习"研究从经典文献入手，组织全校教师开展理论学习，阅读《可见的学习》《深度教学研究》等书并撰写学习体会，积极开展学科教研活动，交流对"可见学习"理论的认知。

（二）模型建构阶段

第一，学校组建"可见学习"项目研究工作坊。

第二，组织研究成员研讨，结合本校实际情况，尝试提出基于"可见学习"的深度教学研究目标和体系，提出具有实用性、针对性、实效性的活动方案。

第三，制订"湖北省武昌水果湖第一小学'可见学习'研究方案"。

第四，召开研究论证会，聘请专家指导，完善研究方案和有关研究的指导资料。促使研究活动更具系统性、针对性。

（三）试点改进阶段

1. 智慧生态园设计与建设，为学生搭建多元的"学习场"

搭建多元的学习场域为"可见学习"的发生提供基础。从智慧生态园的设计与规划开始，学生亲自参与空间设计、环境设计、科技设计、文化设计，活动包括：测量活动场地面积，画出场地图，规划种植植物种类与种植区域，研究温控、养控、水控问题，设计生物园屋顶等。

2. 各类社团课程开发与实施，推进"可见学习"深度研究

开发以"智慧生态园"为主题的"可见学习"社团课程，通过多主题、多任务的复合型学习，打破学科之间的壁垒，优化学科结构，以脑活动、心理活动、精神活动等内部活动为基础丰富对话、合作、交往、实践等外部活动，让学生被学习活动吸引，让知识学习向核心素养转化成为可能，让发展得以实现。

3. 全学科教学教研探索与研究，落地"可见学习"全面运用

（1）开发以"可见学习"为主题的系列课程，组织各学科"可见学习"教学展示活动。

（2）邀请专家听课指导，围绕"可见学习"展开课堂观摩及研讨活动。

（3）各学科教研组通过"可见学习"研究活动的开展，研制学科学生培养十大关键能力标准，并对学校的教学理念和文化特色进行进一步提炼。

（四）推广运用阶段

（1）进行研究资料收集、整理与分析。

（2）展开研究成效的分析与评定。①在"可见学习"中对学生能力的发展与学习效果进行过程性评价。②通过展示活动进行中期评价。③活动后通过教师的教学成果、经验总结及学校的研究报告进行项目评价。

（3）通过课题研究进行总结和提升。总结教学经验和典型课例，形成视频集、案例集、学生成果集，形成水果湖第一小学"可见学习"系列实践课程，形成相应的成果报告、论文和著作。

基于"可见学习"理论和学校教改实际分析"可见学习"的样态，实现了教师的教学对学生是可见的，学生的学习过程对于教师同样是可见的，有助于教师走进"可见学习"，实践"可见学习"，促进课堂变革与教师发展有机融合，能够在整体上提升学校教育教学、科研、校园文化氛围，从而让"可见学习"在水果湖第一小学真正落地。

四、展望"可见学习"的未来：持续创新与反思并进

（一）突破与创新

1. 学校新型价值体系在"可见学习"中初见端倪

由教师个体到学科教研组再到学校，层层进行学生学习发展关键能力的研讨，制定了符合学校教育理念与培养目标的学生发展的关键能力的标准体系。通过"可见学习"研究活动的开展，我们将学校各项制度进行完善，根据学生的学习能力确定学校学生培养十大关键能力标准，并对学校的教学理念和文化特色进行提炼。

2. 教学新生态在学科课堂实践中"可见生长"

（1）构建基于"可见学习"的水果湖第一小学"和课程"

我校立足"以人为本、和谐发展"的教育理念，构建"和课程"体系，开设了丰富多彩的校本课程及社团活动，以最大限度满足学生的发展需求。未来我们将继续把校本课程和常规课程相融合，既保证学生兴趣学习的收获，同时也打造出一张学校发展的新"名片"。我们将继续进行"可见学习"研究，逐步形成符合社会发展要求，符合学生发展要求，符合我校办学理念和办学能力的"可见学习"体系。

（2）构建基于"可见学习"的水果湖第一小学"和课堂"

为有效达成"和课程"的育人目标，"和课堂"聚焦课堂的教与学，致力于提升课堂教学品质，为学生打好四个基础：为学生打好思想方法的基础；为学生打好知识技能的基础；为学生打好生存生活的基础；为学生打好终身发展的基础。从而教会学生做人，教会学生学习，教会学生生活。

（3）构建基于"可见学习"的水果湖第一小学"和教研"

"和教研"搭建教师成长舞台，让学科核心素养理论研究与课堂落地。学校倡导专题研究式小组教研，秉持"进课堂、进课程、进科组"（3K）研究方式，围绕"可见学习"展开课堂观摩及研讨活动。这一系列教研活动是逐步打造多元立交、多维复合新学习样态的重要节点，也是贯彻"可见学习"理念所

迈出的坚实步伐，体现了"可见学习"在课堂现状、课程建设、教学形态以及校园环境等方面的研究进展。

3. 学生素养在学校特色课程群中综合发展

（1）智慧生态课程基本成熟

我校已将智慧生态园打造成学生进行长期"可见学习"探究的教育园地，并将持续对其进行合理的改造和完善。在生态园中，各学科教师团队自主进行"可见学习"生态园课程开发设计与实验，部分学科老师尝试在生态园将国家课程校本化，学生在生态园进行科技、劳动等实践活动及学科内容的跨学科学习，学习研究的成果用于补充创新学校特色课程。

（2）社团课程框架基本构建

"可见学习"对孩子们的影响在于从生态园校本课程的探新到学校特色课程群的循序渐进。从国家课程渗透基于"可见学习"的深度教学研究，到形体课、艺术体操、围棋、游泳等特色校本课程的打造，开源电子、3D打印、IR体验信息课程的普及，到合唱、绘画、英语故事等学生社团兴趣活动为主的自选课程，学校逐步形成了基于"可见学习"的特色课程群。

（3）学生素养发展基本呈现

在"可见学习"的教学研究推进中，学生们也在特色课程中逐步锻造了关键品格与关键能力。例如，在"诵中华经典 筑诗意校园""小书迷的大世界"等经典诵读活动中，在"数说抗疫 乐学数学"数学节中，在"创新放飞梦想 智慧点亮生活""'嗨，科学！'"科普教育、科技节中，在"艺术点亮人生 梦想创造未来""童心向党"艺术展演、艺术节中，在艺术体操课、"小小骑士进校园"马术特色课、全能运动与亲子快乐运动会中，水果湖第一小学的学生们全新绽放，熠熠生辉，捷报频传。

4. 可见师训课程下的教师专业发展

"可见学习"项目考验教师已有的知识观、学生观、教学观，直接挑战教师的专业素养。参与项目研究与实验的教师，一方面需不断充实关于学生、学科课程以及教学的知识，充分认知学生的年龄特点和相应的认知规律，把握学科本质、核心知识体系和独特的思想方法，准确理解教学的基本规律、设计方法，学会相应的组织方式，做到知行合一；另一方面，教师应主动了解社会发展、科技进步等方面的知识，成为与时代同步、与社会合拍、跟得上学生发展的内心丰富的人。此外，学校也需要通过一些机制和办法激发教师学习的内驱力，其中较为有效的办法是让教师认同参与"可见学习"项目研究与实验的价值和意义，在此基础上帮助他们梳理教学改进的成果，提供充分展示交流的机会，让教师体验身在其中的专业成长以及由此带来的效能感。

从2020年开始，我校每年都会举行"课内比教学"及"可见学习"课堂教学研究月，教师们在赛课研课基础上写出基于"可见学习"的教学思考。2021年，我校有46位教师的录像课入选"武昌区空中课堂"公开课。20多位教师在武昌区卓越杯、武昌区新技术新媒体、湖北好课堂等评比活动中获好名次。多名教师教学论文案例公开发表或获得省市级奖项。6位青年教师获武昌区优秀青年教师、学科带头人称号等。2021年结题了湖北省教育科学规划2017年度重大招标课题水果湖第一小学四个子课题，分别是："语文核心素养背景下的小学生课外阅读推广实践研究""数学学科核心素养在课程实施中的路径与策略研究""基于小学生科学核心素养培养的科学实践学习的策略研究"和"基于核心素养下的小学英语作业设计实施路径与策略研究"。"可见学习"教师工作坊研究落地生根，在学科课堂教学实践中发芽长枝，在特色课程中可见繁花点点。

（二）反思与展望

我校的"可见学习"研究还在路上，后期将进一步加深对多学科融合"可见学习"探索，依托智慧生态园等多元学习场域开发设计更多的多学科融合"可见学习"课程，促进学校育人方式的创新，营造一种新的校园文化、校园生活，发展学生综合素养，培养学生学习的能力，实现"课程育人、文化育人、社会育人、活动育人、实践育人、评价育人、管理育人、服务育人"。

教与学是课堂中最为核心的一组关系，"可见学习"的研究无论如何都不可能绕开它。学习的转向，并非意指从教的立场转向学的立场，从教的逻辑转向学的逻辑，从教的设计转向学的生成，而是基于"可见学习"的启发倡导一种更好的学习状态，让教与学的意念与行动都向其靠拢。今后，我们还会基于以下方向继续努力探索。

1. 学习表层层面：强调有兴趣且有投入地学

"可见学习"的方法大多是动机与策略的统合体，没有动机，再多的策略都徒劳。动机一般可以通过学习任务的选择、对任务的坚持、个体投入程度和言语表达等外部行为间接地推断出来。反过来说，学习任务本身的吸引力、驱动力与激发力决定着学习者的动机状况，外部的利益嘉奖自然能够催生一定程度的动机，但无法维持相对长的时间，学习动机归根结底要回到学习的内部去找寻。这便要求教师必须基于学生的学习偏好与生活旨趣进行"可见学习"任务设计，甚至创造出更大空间的选项，将学习的主导权交到学生手上，由此促使其高投入地学习。

2. 学习深度层面：强调有融合且有规划地学

融合是"可见学习"的本质，它与切断、割裂、孤立、无涉相对，强调将学习者、学习进程及学习结果都融入同一关系网络之中。对学习者来说，只有关联已知经验与可能经验，融合这门学科与那门学科，关联过往经历与当下情境，关联知识世界与生活世界，融合自己与他者的思想等，才能理解、建构、解决、发展，从而实现超越。融合需要方法的介入，仅以知识与知识的融合为例，便可通过自下而上的归纳分析或是自上而下的演绎推进，形成编码框架，建立知识间的联系图谱。有效的记忆和理解总是在一个整体的知识框架里头，它可以诱导别的知识，别的知识也可以诱导它。知识融合的过程就是学习发生的证明。

3. 学习迁移层面：强调有反思且有运用地学

如果对学习的认识还停留在储存与提取的层次之上，那么未来的大容量芯片或是可植入的搜索系统便足以达成这一目标，人人都可成为"超级学习者"，而事实上学习要复杂得多。没有人与知识、人与人、人与情境的互动便没有学习。"可见学习"就是从身心向他人开放、接纳异质的、未知的东西开始。这种互动也体现在人与自身的对话中，是从元认知的角度去审视学习发生的良好机制。学习者能够不断地、有意识地回望已经发生的学习历程，或是在成功处推论经验，或是在失败处追问缘由，或是在困顿处寻求办法，那都是对学习意识的持续保持，以及对学习潜能的不停挖掘。对学习过程始终怀有的反思精神将使学习者一直处于高度的学习境界之中。

参考文献：

[1] 约翰·哈蒂. 可见的学习（教师版）[M]. 金莺莲，洪超，斐新宁，译. 北京：教育科学出版社，2015.

［2］约翰·哈蒂，德布·马斯特，凯特·伯奇.可见的学习在行动［M］.
彭正梅，邓莉，伍绍杨，等，译.北京：教育科学出版社，2018.

［3］约翰·哈蒂，格雷戈里.可见的学习与学习科学［M］.彭正梅，邓
莉，伍绍杨，等，译.北京：教育科学出版社，2018.

［4］安德森·布卢姆.教育目标分类学（修订版）［M］.北京：外语教学
与研究出版社，2009.

［5］郭元祥.课堂教学改革的基础与方向——兼论深度教学［J］.教育科学
文摘，2016（2）：50-52.

［6］郭元祥.论学科育人的逻辑起点、内在条件与实践诉求［J］.教育研
究，2020（4）：4-15.

［7］郭华.深度学习及其意义［J］.课程·教材·教法，2016（11）：
25-32.

［8］钟启泉.深度学习：课堂转型的标识［J］.全球教育展望，2021（1）：
14-33.

让教师走进"可见学习"

张璠

一、"可见学习"，一种全新的冲击

不期遇见"可见学习"，源于郭元祥2019年10月的一场《可见的学习》报告。

学校引进"可见学习"理念，一种全新的冲击，"一石激起千层浪"……

为什么要进行"可见学习"？"可见学习"是什么样的？如何让学习可见？教师们的眼中满是疑惑、迷茫、新奇，更多的是有点久违的新鲜感与期待。

二、"可见学习"实施背景与价值取向

2018年9月10日，全国教育大会的召开，标志着我国基础教育迈入全面提高育人质量的新阶段。深化基础教育改革，落实立德树人根本任务，促进教育高质量发展，实现国家教育现代化成为当前教育改革的主旋律。

学校综合本校文化理念及发展规划、参与武昌区小学"课堂变革"项目联盟活动及学生自主发展深度学习研究等实际，充分了解"可见学习"的意义所在，认为"可见学习"是一个契合我校未来发展需求的思想内核和教育教学理念。引进"可见学习"，将"可见学习"作为水果湖一小一项学校发展项目，目标在于建构水果湖一小气派的学校发展的实践形态。水果湖一小作为小学教育的标杆，要从办学思想、育人体系、教师队伍、内部治理、育人环境五个方面来做好教育现代化的研究和改进工作。"可见学习"以其先进的理念和思想，必将启动学校新一轮教育改革的破冰行动与深入探索，也必将推进水果湖

一小教育的现代化进程。

在多维改革同步推进的过程中，全面发展素质教育、提高课堂教学质量、建设高素质专业化教师队伍、强化课程与教学关键领域的改革始终是重点、难点、焦点。水果湖一小的文化和理念需要我们力图创建一个学习方式多元、学习过程深层、学习体验愉悦、学生思维灵动、学习能力发展"可见学习"形态与教学结构，构建德智体美劳全方面发展的教学体系，构建水果湖一小教育的价值体系和价值标准。要实现这一目标，必须走出传统范式，融入社会发展对教育的革命性因素，真正切入理论的原点和实践的创新点，寻求"教"与"学"新的解释系统，形成水果湖一小基于"可见学习"的教育价值取向与考量——落实立德树人根本任务，开启五育融合、全域育人新局面，彰显水果湖一小教育的价值观、体现水果湖一小教育教学的内核，构建水果湖一小"可见学习"的价值体系与价值标准，达成水果湖一小"健康、快乐、灵动、优雅"的学生培养目标，最终有利于发展面向现代化、面向世界、面向未来的社会主义合格人才。

三、让教师走进"可见学习"

（一）"可见学习"推进教学改革的策略与行动

1. 成立"可见学习"工作坊，搭建教师课改的脚手架

"可见学习"理论在水果湖一小的落地不可能脱离学校现有的教育教学常态，又必须打破常态中的一些条条框框。虽说没有课程项目、专门的教案或工作手册来告诉我们如何实施"可见学习"，但相关书籍还是提供了一些基准可供遵循。为此，水果湖一小为每一位教师发放约翰·哈蒂的《可见的学习》和郭元祥的《深度教学研究》，供教师学习、讨论、理解、追寻"可见学习"，内置"可见学习"的意义，影响"可见学习"的行动。在理论学习的基础上，学校进一步制订了校本化教师专业发展规划，积极为教师专业发展搭建平台，建立学科工作坊等骨干教师工作团队发展机制，营造促进教师不断学习与进取的文化氛围。通过"可见学习"实验项目研究推动教师专业发展和学校发展。

成立"可见学习"工作坊，建立"可见学习"研究平台，是进行挑战性

任务的有效途径。工作坊的成员均是学校精挑细选的各学科业务干部及有三年以上教育经历的中青年业务骨干。他们在"可见学习"工作坊中学习与助学，教学与助教，研究与助研，经常沟通、交流，分享各种学习资源，共同完成一定的研究任务，因而在成员之间形成了相互影响、相互促进的人际联系，成为一个共同推动学校教育教学改革、促进学校教师专业发展的生长体。"可见学习"工作坊的学习交流研究为"可见学习"探明方向，也为教师教学方式与教学行为的改变提供支架和基础。

2. 建设"智慧生态园"，搭建学生多元学习的学习场

学校顺应信息化与教育教学深度融合的时代浪潮，建设了一个以"智慧生态园"为起点的"可见学习"研究项目，这符合水果湖第一小学推进课堂改革需要。智慧生态园既是一个教师基于"可见学习"的研究平台，也是一个学生基于"可见学习"的学科实践活动平台。智慧生态园又与AI体验室、3D打印室、开源创客室、录播教室等构成多元的学习场域为师生提供了良好的学习机会、学习资源、场馆化课程。其试图建立以生为本的"教"与"学"环境，建立满足个性化、多元化需要的学习场所，为"可见学习"的发生提供基础与教育场景，使得教师成为教学过程中的学习者，学生成为学习过程中的教师，教学成为在教师的影响下，师生自我挑战、自我监控、自我管理、自我调节、自我评价的自主多元学习过程。

学习场所的变化极大地丰富学习投入，创设随处可学的学校、家庭、社会氛围和融洽关系，带来学生学习方式和学习形态的变革，有利于调动学生已有经验，激发学生学习热情，创建一个促进学习可见的深度教学课堂。

3. 让"可见学习"进校园，开展"可见学习"学科实践

（1）"可见学习"进课堂

"聚焦课堂"项目联盟，持续深入开展"可见学习"项目研究活动。将"可见学习"教学思想引入课堂教学，实现互联网、物联网信息技术与劳动教育、科学与环境、工程与技术等多学科多种内容的融合，从而推进课堂变革，提高课堂效率。

（2）"可见学习"进课程

深入推进课程改革，建设学校特色课程体系。加强国家课程多样化实施和学生跨学科学习有机结合。加强校本课程建设，鼓励学科教师进行个性化的课程开发与创建。教师在课程开发研究使用中，丰富课程并获得专业成长。

（3）"可见学习"进教研组

全学科开展基于"可见学习"，推动深度教学的研究。旨在结合深度教学理论与实践，让教师保持对教育科研的虔诚感，实现教师教学观念的更新和教育角色的转化，让我们的教学、教研、科研更多融入"可见学习"的思想和理念，以此推进水果湖一小课堂的深度变革，促进学生关键能力的培养及综合素养的全方位提升。

4. 导向素养的学生十大关键能力与关键品格培养的研究

教育终究是培养人的问题，中国学生核心素养发展研究指出学生核心素养的培养关键在于学生关键能力与关键品格的形成，因而对学校教育形态和价值的考量中研究学生十大关键能力与关键品格的内涵与标准具有必要性。从水果湖一小"可见学习"工作坊基于课程标准的研究到全体教师课堂教学关键能力的思考，再到基于核心素养的学科关键能力，最后到学校层面的学生十大关键能力研究，起于"可见学习"，最后也将用形成的十大关键能力来评价、检验"可见学习"实施的价值与成效。这使得"可见学习"的学科教学实践指向学校价值体系与价值标准的研究。

（二）教育的美丽在于"可见生长"

1. 学校新价值体系逐步形式

与其说"可见学习"催生了新教育，不如说它正带领我们寻找好教育，可见学习，可见生长，可见美丽。由教师个体到学科教研组再到学校，层层进行学生学习发展关键能力的研讨，制定了符合学校教育理念与学生培养目标的学生发展的关键能力标准体系（图1-1）。

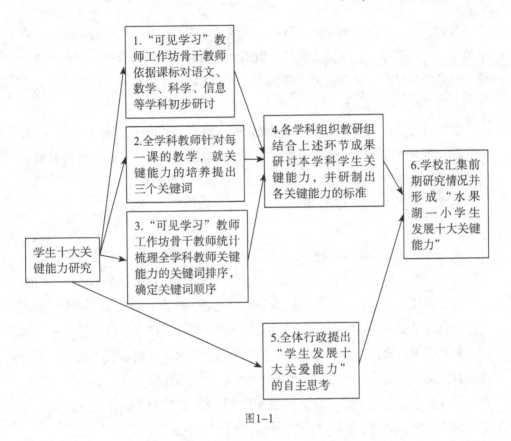

图1-1

2. 课堂教学新生态初具雏形

在专家辅导报告、教学指导和"可见学习"工作坊前期工作基础上，学校将"可见学习"与课堂教学研究有机结合，各教研组走进"可见学习"课堂教学新形态研究，聚焦"可见学习"教学理念和教学体系的探索。真实的课堂是"可见学习"直观的展示，曾腊红老师执教的语文课《刷子李》、曹宇老师执教的数学课《平均数》、沈琪老师执教的科学课《神奇的小电动机》等把"让学习可见、让思维发生、让生命灵动，让素养表现、让文化浸润"的画面与境界展现在听课教师的眼帘中，让可见学习的光彩闪耀在课堂教学的点滴里，孩子们的欢声笑语中。

不少教师都有自己实践"可见学习"的体会。叶建朋老师说：设计小学语文作业应做到四个可见：突出内容，目的鲜明可见；学以致用，动手实践可见；尊重差异，分层有序可见；开放创新，自主多样可见。李俊老师认为高年段数学课中的"可见学习"：可以从方程教学出发，让问题变得具体，让抽象变得直观，让学生插上腾飞的翅膀。曾莉老师说想要在小学中段合唱教学实践中追寻"可见学习"，就要在范唱、训练、表现、合作、评价中，一次次激发学生的潜能。罗雅丽老师认为，要在"可见的德育"中星星点灯，用有限的光和热，温暖孩子的心，点亮孩子们前行的路。

学校引进"可见学习"，不是课程改革、课堂变革的一个噱头，而是一次实实在在的教学观与学习观的深度审视与变革，通过教育教学改革建构有理念的教学文化，最终实现学生学习可见、发展可观、素养可现。

3. 学生素养与能力综合发展

（1）生态园特色课程探新

为深入推进学校的STEM教育，提升学校办学品质和学生的核心素养，培养学生善于观察、善于发现、善于总结的意识，增强学生动脑和动手相结合的能力，结合我校的办学理念和未来趋势，学校建造了智慧生态园实践园区。智慧生态园打破了原有的"围墙"，将学生的学习空间无限放大，依据学生学习的需要和成长的规律，着力打造了最有特色的四个空间，分别是玻璃温室园、花卉果树生态园、蔬菜种植园以及生态鱼池。特色生态园课程强化了学生自我教育、自我管理、自我磨炼，为学生提供了增长才智、展示个性、自由发展、自主管理的空间，实现了处处皆教育、时时可生长的校园空间建设的初衷。

案例1：生态园自然笔记课程介绍。

三年级最吸引学生的社团课就是"生态园自然笔记"了。三年级科学老师郑曾贞带领孩子们在生态园坚持做一项让孩子们非常感兴趣的科学活动，即亲手种植各种花草树木、瓜果蔬菜，喂养金鱼、乌龟、春蚕等，科学地观察，记"自然笔记"（图1-2、图1-3）。郑老师在自己研究的基础上将"自然笔记"定义为：创作者用绘画和文字的方式对自然的对象进行观察、记录和表达，使作品兼具科学性和艺术性的一种创作形式。这种利用"自然笔记"的跨学科学习方式作用可不小，具备了刘默耕老师所说的"一箭多雕"的教育作用：第一，可以提升学生的科学素养。第二，有助于培养创新人才。第三，有利于孩子的自然教育。第四，对个人生活有积极的影响。

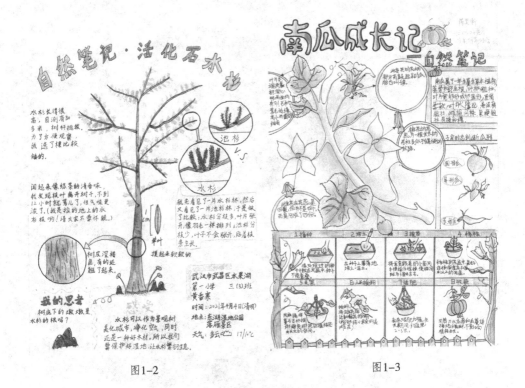

图1-2   图1-3

案例2：《做一个小蚕农》综合实践活动课。

开发《做一个小蚕农》综合实践活动课，是因为养蚕是三年级学生喜欢的一项实践活动，部分学生可能已经有了养蚕的经验，或者正在养蚕，也大致知道蚕宝宝后期会经历吐丝结茧发育成蚕蛾的过程。但是，对于个中细节，学生并不清楚，也不了解劳动人民是怎样利用蚕茧、抽出蚕丝，并应用到生活中去的。为此，设计了从指导学生完成抽取蚕丝的任务开始（课堂一课时），经过一个月的饲养活动，最后以小组为单位一起分享交流饲养研究过程中的成果（课堂一课时）的综合实践活动。

《做一个小蚕农》综合实践活动主要围绕饲养蚕宝宝这个活动，同学们从感兴趣的六个问题开始，其中基于观察做自然笔记、交流、调查、展示等活动贯穿始终（图1-4、图1-5）。本活动培养了学生提出问题、展开观察研究、做自然笔记、收集和分析信息、交流探讨的学习能力，让学生了解了蚕丝的用途及我国丝绸文化，感受了劳动的价值、生命的可贵。学生在《做一个小蚕农》校本课程学习活动中，既是课程的享受者也是课程的开发者。

图1-4

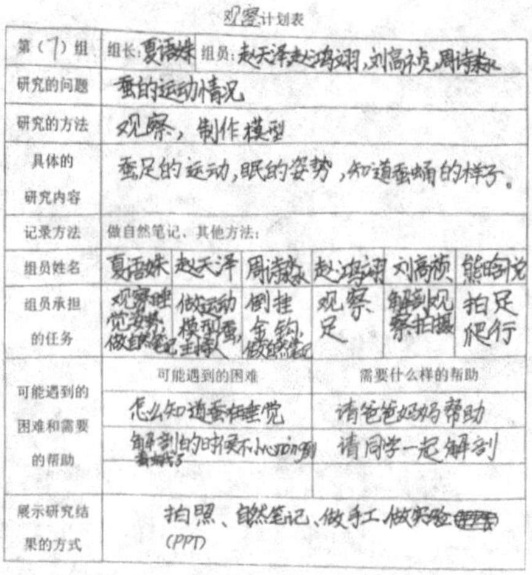

图1-5

（2）校本课程群基本建构

从生态园校本课程的创新到学校特色课程群的建设，"可见学习"持续发力，不断深化校本课程改革，形成了可复制、可推广的项目实施路径和内涵课程。从幽雅沉静的古琴、茶艺、吟诵、书画、围棋，到阳光欢快的合唱、舞蹈、汉剧、英语故事，到现代气息浓厚的航模、3D打印、开源电子、科技劳动，再到活力四射的花式跳绳、快乐体操、游泳……学校逐步形成了基于"可见学习"的特色课程群（图1-6），将"学科综合"理念贯穿于课程设计中，注重学科之间的相互融合，着眼于学生跨学科素养的养成，同时强调课程的整体性，以整体性之课程培育整体性之素养。

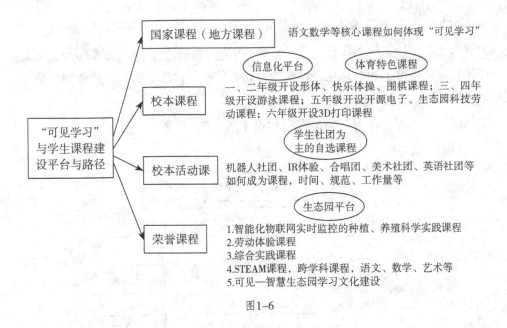

图1-6

（3）特色课程中的学生成长

特色类课程在保障学生综合素养全面发展的基础之上，重在促进学生的特长发展与个性培养，体现学生的兴趣倾向，满足不同学生对不同课程的选择需求。基于"可见学习"理念的特色课程群提供丰富的特色课程及社团活动，不仅体现了国家培育核心素养、减负增效的要求，也是我校五育并举、全域育人的重大举措。孩子们在特色课程中有兴趣，有欢乐，有成长，也锻造了关键品格与关键能力。例如，劳动体验课程中农作物的观察和管理，学校以"亲临、亲触、亲做、亲悟"为原则，创设沉浸式劳动情境，在提供智慧生态园硬件设备的同时，让学生观察农作物生长的全过程，"亲身"进行"播种—育苗—栽种—除草—施肥—壅土—采摘—收获"的劳动体验，打开了儿童与世界的通道，让学生在实践、体验、经验中获得能力、思路与方法，形成尊重劳动、爱惜劳动的良好习惯。

4. 可见师训课程下的教师专业发展

学校以立德树人为根本，以育德能力提升为核心，以教师专业发展为轨迹，构建基于"可见学习"的研修实体、研修机制、研修课程、研修评价等，针对不同发展梯队的教师分层培养，使教师研修质量扎实落地。首先，发挥德育团队在师德师风建设中的主导作用，制定了《师德研修》《分学科教学研修》校本培训素材，加强教师政治理论学习和师德自我修养。其次，聚焦教师专业成长需求，开展常态化、主题式、阶梯式自主专业研修活动，研发《三爱、三全、三让》师德课程、《"启航、引航、远航"》学科专业课程、班主任课程（辅导员）和信息化研训课程，让每位教师找准支点，主技能同淬炼，主阵地共进步，做一名专业素养厚实的研究者。

以下是"可见学习"师训课程构想（图1-7）和基于"可见学习"的师训课程框架（图1-8）。

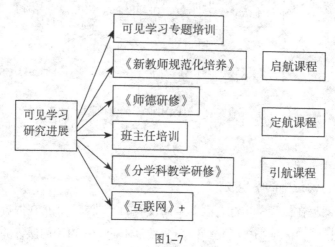

图1-7

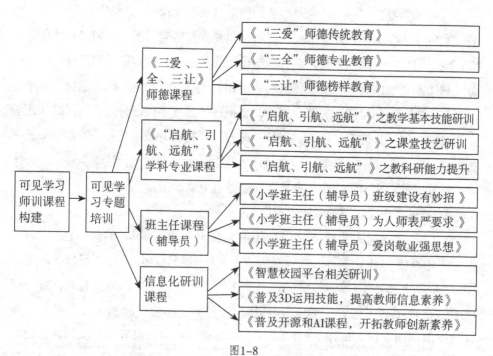

图1-8

　　"可见学习"是让水果湖一小教师走向教学改革深处的一次新实践。在这次全新的尝试中，水果湖一小基于"可见学习"，推进深度教学的学习形态与教学结构、创新开放交互式的教学模式正在形成，学生发展的十个关键能力与关键品格、学校教育的价值体系逐步凸显。希望水果湖一小未来的"可见学习"课堂生机勃勃，"可见学习"课程繁花似锦，我们的教师在"可见学习"中享受教育、幸福工作，我们的学生在"可见学习"中健康、快乐、灵动、优雅地成长！

"可见学习"的核心理念及其策略

陈娟

一、什么是学习

（一）学习是由多种环境决定的

学习是由环境决定的多方面的现实存在。真正的学习是由环境决定的，包括认知情境、社会环境、自然环境、育人环境、文化环境。多方面指科学、技术、社会、文化、生命对学生的影响，这也对应着学习的五个层次，即科学认知、技术体验、社会参与、文化理解、生命感悟。现实存在就是指活动，学习始终是一个实践探究的过程。简而言之，学习是事关个人与社会发展的根本问题。

很多教师认为学习就是上课，就是讲知识，就是练习，这是一种狭隘的符号学习或者知识学习。"可见学习"不是平面的，而是立体的，要建构学生学习的立交桥。我们要克服单一的课堂环境、认知情境的局限性，对学生的问题解决、素养发展进行全方位的探索。

学习具有理解、表达、意义三个境界，理解是学习的根本基础，表达是个体的理解力与情感价值观的反映，意义是对学生人生的启发。学习是促进学生精神发育的过程，教师要具有学习观，深入研究学生学习。学习是一个完整的心理过程，包括认知过程、情感过程和意志过程。认知又涉及感觉、知觉、记忆、思维和想象五个过程。学习具有科学、社会、文化、实践等多重属性，是科学问题的解决过程，是社会理解与参与的过程，是文化理解到自觉的过程，是探究与解决实践问题的过程。基于"可见学习"的视角，要注重研究学习模型。其一是"4R学习"，即丰富性（Richness）学习、关联性（Relations）学习、回应性（Recursion）学习以及严密性（Rigor）学习。"可见学习"追求学习层次的丰富，追求与文化、历史、社会、生命的整体联系，追求学生高阶思维的发展。其二是"无边界学习"，这是关于问题导向、网状知识理解的学习，以文化为中心，不断波及扩散到学习生活的边界，主要表现为无边界、无痕迹、无断层。学习投入则包含着学生个体的投入、家庭投入、学校投入、社会投入。

（二）学习的多元属性

学习是一种多方面形态的存在，具有多元属性，包括科学、文化、技术、社会、生命五个方面。科学学习即以科学知识理解、科学探究、科学实验、技术实践、科技制作等为内容的综合实践活动，旨在培养学生科学素养、创新精神和实践能力。文化学习即以传统文化体认、文化感知、文化觉醒、文化反思为基本方式的文化实践活动，发展学生的文化意识和反思能力。技术学习即以传统工艺、现代工艺、工程搭建等为内容的技术性制作活动，旨在培养学生的动手能力、合作精神和基本生活技能。社会学习即以社会考察、社会参观、模拟职业、社会课题研究为内容的综合实践活动，旨在培养学生收集信息、处理信息、体验社会生活的实践能力。生命学习即以生命科学、生命安全和生命价值为内容的综合实践活动，旨在培养学生珍惜生命、爱护生命、理解生命和敬畏生命。

（三）学习是一个完整的心理过程

学习是一个促进学生精神发育的过程，是一个完整的心理过程，包括认知过程、情感过程、意志过程。认知过程包括对自然的认识、对社会的认识与人对自我的精神认识，经历了感觉、知觉、记忆、观察、思维和想象几个阶段。情感过程是在学习的过程中培养学生的审美观念，端正学生的思想认识，树立积极向上的人生观、价值观和世界观。意志过程是通过学习实践训练学生的学习耐力、毅力、抗挫折的能力，在解决问题的过程当中培养学生坚定不移、持之以恒、不惧艰难的品质。

（四）丰富学习投入

学习是一个需要投入的过程，但不是单一的、片面和平面化的。它包括学生个体的投入——认识、经验、情感、时空、师生与同伴关系，家庭投入——亲子关系、家庭氛围，学校投入——学习机会、学习资源、场馆化课程、机制与学习化组织，社会投入——社会氛围和社会资源。如可以研究班上的孩子花在每科作业上的时间，这就是一种学习投入，要做数据统计。再就是亲子投入是非常重要的，在做教育质量监测的时候，对学生的语文、英语、数学、科学这几门学科进行跟踪，最后发现考试成绩差异跟家庭的亲子关系存在很大的关联。数据显示，跟父母一起居住的孩子成绩都比较优秀稳定；只跟母亲居住的到后面就开始分散了，只跟爷爷奶奶、外公外婆一起居住的，成绩还可以；但是只跟父亲居住的孩子存在严重的问题，这跟现代家庭中父亲角色的缺位存在必要关联。

二、"可见学习"的核心理念

"可见学习"就是让学习可见、让思维发生、让文化浸润、让素养表现，聚焦关键能力（观察、想象、思维）和学科核心素养，旨在促进学生"学力"提升和精神的发育。"可见学习"源于"可见儿童"，源于我们教的对象、学的主体，其核心观点是教学过程中，真正能够让教师的"教"对学生"可见"，让学生的"学"对教师"可见"，促使学生学会成为自己的教师。其具体含义有三：第一，"可见"必须让学生看得见教师"教"的目的、方法、路径，清楚教师为何以此为起点、想要到哪里、如何到达，最终使学生能够成为自己的教师，明白自己对于自身学习的影响力，这也是一个人能够保持终身乐学的核心要义。第二，"可见"要让教师看得到学生的学习，清楚学生学习是如何发生的，包括学的动机、策略等学习要素以及学习进程中哪些因素对学习产生了显著作用，要十分清楚身为教育者自己是如何影响学生学习的，并能由此做出调整和改进，成为学生学习最重要的帮助者。第三，"可见"最重要的是，教师要有这样一种信念：自己对学生的学习负有不可推卸的责任。用哈蒂的话来说就是，在学校所有可控的变量中"教师是造成学生学习结果最大差异的来源"，教师应该清晰知道自己对于学生学习具有这种决定性的影响力。

三、"可见学习"的策略

教师要认识到知识是相关联的系统，教学首先要具有广度，注重学习领域和层次的广阔性；其次要有深度，聚焦思维方式和文化因素；最后要有关联度，与生活关联，与社会关联，与经验关联，与文化关联，改变点状的、平面的、常态的学习方式，构建立交桥式的"可见学习"。

"可见学习"首先要理解、转化、迁移，这是教学的全部过程。理解事物及其本质，理解关系及其规律，理解情感并体验情感，理解思想并形成思想。其次要进行立体化处理知识，引导深度学习，从广度、深度、关联度三度立体学习。最后是利用三U型学习与课堂的画面感，包括下沉与还原，理解与探究，反思与上升，增强课堂的画面感，培养观察力和再造想象。

第一是进行深度教学，将理解作为教学的基础，进行转化、迁移、反思，从点状、平面、符号孤立、分析主义的教学走向网状、立体、知识发现、整合的教学，实现知识学习的充分广度、充分深度以及充分关联度。第二是实现"U型学习"，增强课堂的画面感，促进学科想象的生成。第三是反思性教学，培养学生总结与反思的意识，使用反思策略，在反思过程中获得进步与成长。

让"可见学习"落地生根

陈娟

一、"可见学习"提出的时代背景及必要性

2015年联合国教科文组织提出"面向信息时代，我们如何转变教育观念，深化育人方式改革，创造未来的教育，构建学校未来形态"这一重要课题，并提出从价值重组、结构再造、程序重建、文化重构四个方面来体现教育的未来形态。这是目前我们在深化学校内部改革方面所要努力的方向。改变我们的价值观念，真正切实体现育人为本，这样才能不忘教育初心，回到教育的本质上来。我们不断反思水果湖一小的孩子经过小学六年教育，究竟应该具备哪些关键能力和必备品格，这是水果湖一小在接下来深化教育改革，转变思想观念的过程中所应当聚焦的。为什么学校领导要推出"可见学习"的教育观念？为什么要建"生态园"？为什么要创建各种功能场馆、课程场所和场景？在我们的学科教学中如何培养和聚焦学生的学科核心素养？这些都是水果湖一小的全体师生们所真正积极思考和努力践行的。

二、"可见学习"我们在行动

水果湖一小师生的"可见学习"是可视、可见、可感、可悟、可现的立体过程，是多维、多层、多向的复合样态。第一，聚焦学生核心素养，聚焦关键能力、学校文化，体现学生成长为中心，深化教育教学改革。第二，实现时时能学、人人能学、处处能学，建构学生学习的立交桥。第三，让学习可见真正促进学生对学科知识的认知与理解，使教学转向学科素养、关键能力的培养。第四，最终实现学生学习能力表现化、学习过程显性化、学生发展可见化，让

"可见学习"在水果湖一小落地生根。

　　"可见学习"是深度教学团队与我校合作的一项学校发展项目，旨在结合深度教学理论与实践，推动学校教师专业发展以及教育教学改革，最终实现学生学习可见、发展可观、素养可现，深化基础教育改革，落实立德树人根本任务，促进教育高质量发展，实现国家教育现代化的蓝图。水果湖一小教师们深入学习"可见学习"理论，在导向课程育人的学科实践方面不断探索，学校则围绕"可见学习"项目研究在课堂教学、课程建设，以及校园环境等方面开展深度教学研究。研究聚焦学生的核心素养、关键能力，学校文化，以体现学生成长为中心。让学习可见真正促进学生对学科知识的认知与理解，最终实现学生学习能力表现化、学习过程显性化、学生发展可见化。让"可见学习"在水果湖一小教学中落地生根。我们将用"可见学习"的教育新理念武装自己的头脑，为共同构建未来学校新形态贡献力量！

第二章

小学德育
实践中的"可见学习"

　　"可见学习"与德育的融合，强调"五育融合"，德育也要可视化，开展生活德育、活动德育、社会德育等活动，推进学校的实践德育发展建设。讲礼仪，育优雅。时至当下，文明有礼是小学生最基本的道德行为规范，更是个人素养最基本的外在表现形式。"健康、快乐、灵动、优雅"是水果湖一小培养人的目标。怎样培养"优雅"的人呢？除了"腹有诗书"外，"内化于心，外化于行"的礼仪应该是最好的载体。

让德育教育随处可见

——倡导不一样的现代公民教育

朱滢颖

当前，德育教育是学校教育的首要任务。在科学发展观的统领下，构建生态育人机制，五育并举，把道德认知、道德行为、道德情感、道德交往有效地整合起来，落实到每一名学生，每一个过程，力求"润物细无声"，实施"看得见的德育"工程，为学生终身发展奠基，是非常重要也是十分迫切的事情。

所谓"可见德育"，就是从德育的实效性上追求一个看得见的实效。"可见德育"关键在于重视平时的渗透教育，让学生从思想上领悟一切规章制度的出发点和目的。学校要用"看得见的德育"去激励和培育他们。因为，只有"看得见"的德育，才是最有效的教育。培养小学生公民意识正是可见教育中德育教育的有力抓手，落实立德树人根本任务，以公民道德教育为核心，以培养学习能力、创新能力和实践能力为重点，促进全体受教育者主动得到全面和谐发展的教育。

我校地处水果湖地区，学生来自学校周边各个小区。学生家长中，有高学历的企业白领，也有普通外来打工者……由于家庭、学习等成长环境的不同，学生所体现出来的文明素养亦有不同。我校学生在公民素养方面的现状如何？他们在哪些方面的公民素养亟待加强？在我校开展的名为"游山玩水，不如亲近家园"的社会实践性活动中，我们体会到，加强学生公民意识教育，就是要把教育与生活、学校和社会联系起来，培养学生的自信心、沟通能力、爱心、诚信意识等，使其真正做到学以致用，学有所用。

一、体验在校园，在互动交流中内化公民意识

著名教育专家班华教授说过："德育没有体验不行。"对于小学生公民意识的培养更是如此，在操作策略上，应充分发挥各种载体，开辟多种途径，鼓励学生以公民的身份和角色积极参与校内外的各种实践活动，在活动中内化公民意识。

通过对学生的观察对比我们看到：在开展小公民体验教育前，学生每天早上上学、下午放学进出小区，都没有跟小区守门的保安、做清洁的清洁工打招呼，沿路见到熟人也没有主动问好。在学校开展了小公民体验教育活动后，虽然学校并没有过多地强调文明礼仪的相关要求，但是走进他们熟悉的社区时，孩子们纷纷热情地跟守门的保安问好，和路边的爷爷奶奶打招呼，向解说的志愿者们道谢，遇到行人乱扔的烟头、纸张，立刻弯弯腰将它捡进事先准备好的垃圾袋中……

可见，学校教育是公民意识培养的主渠道，在现代公民意识培养中有着十分重要的地位和作用。一方面学校利用课堂教学这一主阵地，通过对学科知识中德育内涵的挖掘，将教材中渗透的思想意识、人生哲理、价值取向、人文精神等传递给学生，使他们获得一种间接的体验；另一方面，学校将小公民意识培养与开展的各项德育活动相结合，将每一项公民道德标准真正深入每一个学生的心灵。例如，为了培养学生主动问好的习惯，校长带头从开学初在校门口主动向进入校门的学生问好；放学时，值勤的行政人员带领值勤的老师们在校门口和排队放学的孩子们说再见。经过一段时间的坚持，现在大部分孩子能主动和老师问好和说再见了。这样的训练不仅让学生知道我国是礼仪之邦，有无礼节是衡量一个人修养程度的标尺，而且还促使他们将以礼待人落实到了平时生活的点滴之中。

二、开展实践引领，在活动中体验，在体验中提升

我们对全校学生进行了题为"做一名合格的小公民"的问卷调查，抽样结果显示，我校学生普遍缺乏公民意识，对社区不了解，从不参与社区活动，也不知道社区的功能是什么，还反映出孩子们不够自信，缺乏责任心和主动意识，缺乏家庭相关教育。

我们可以看到，现在的小区虽然环境很好，但大家总是关上门，一家人在

家里活动，很少跟邻居交流；社区里开展活动不关心也不过问，更不会参与。此外，由于独生子女在家庭中的特殊地位，几代人照顾一个孩子，家长包办了孩子的一切，减少了孩子养成自理能力所必须进行的学习、实践及体验的机会，造成公民意识和责任意识的缺失。在这样的前提下，我们应发挥学校的主导作用，开展全员育人活动，在校制定校规、班规，在家制定家规，成为培养合格小公民的领路人。

（一）在校争当好学生，开展实践活动，注重公民教育实践体验

公民教育除了课堂学习，更应注重在生活中学习，在活动中学习。首先，我校积极利用少先队活动、民主选举班干部、民主制定班规、学生参与学校事务等来训练学生的团结协作精神、公平意识、民主意识和参与意识等。其次，我校还把学生带出校园，让学生在活动中体验和感悟公民的意识和责任。例如我校开展的"游山玩水、不如亲近家园"的活动。学生虽然住在水果湖各个小区，但是并不知道自己的小区分布在哪里，周边的环境怎样、如何对居住的小区进行维护和开发等问题。我们希望通过此次活动的开展，让学生走出校园，走进社区，亲近大自然，了解水果湖的由来，建立社区概念，在活动中锻炼学生的自理能力，培养学生的团结协作意识，培养学生保护环境、文明谦让、自觉遵守社会公德等良好的行为礼仪。我校学生在实践活动中，掌握了大量的资料，从自己的角度制订了保护和建议的方案，并向有关部门写了建议书。在查找小区里的错别字和维护小区环境卫生的过程中，学生对社区文化的保护与开发责任意识、环保意识、道德品质以及参与社会生活和实践的能力得到了很大的提高。同时，学生在经历实践活动的过程中，也真切地体验了行使公民权利、履行公民义务的神圣。

（二）在家争当好儿女，推进家校协同合作，形成公民教育社会环境

学校、家庭和社会共同担负着未成年人公民教育的责任，共同育人的纽带把学校、家庭、社会紧密地联系在一起，形成对学生进行公民教育的"三教合一"的大环境。石中英说："如果学校里开展的是'自主、参与、合作'的民主教育，学生回到家里面对的却是溺爱、专断和唯我独尊的父亲或母亲，他如何能够形成民主的态度、习惯和品格？长大步入社会以后又如何能够成长为民主的公民？"可见父母必须及时更新教育理念，家庭教育必须与学校教育相配合。

所以，我们通过家长委员会、家长会、家访、家长开放日、家长学校、问卷调查等形式，使家庭与学校形成合力，增强教育效果。我们通过开办家长学校，以提高家长教育子女的水平；召开家长会，共同研讨教育子女的方法。学校开展一系列家校合作的活动，形成公民教育的合力，比如学校指导家长如何在家庭里和孩子一起制定家规，怎样在家践行家规，鼓励家长在家做孩子的榜样，给孩子颁发奖章。再如，学校开展"争当校园小主人，争当社区好公民，争当家庭好儿女"活动动员家长进行评价。目的便在于让学生体验到成功的喜悦，感受自身价值的存在，从而满足学生的心理需求，促进学生不断地、更好地发展。

（三）在社区争当好公民，践行社会主义核心价值观，做合格小公民

《中小学德育大纲》中明确规定"中小学德育工作的基本任务是把全体学生培养成为热爱社会主义祖国的具有社会公德、文明行为习惯的遵纪守法的公民"，公民教育是学校德育工作的重要内容。但我们也看到了一些存在的问题：学生缺乏现代公民与社群应有的"自主、公心、宽容、理解、同情、正义、责任、参与、奉献"等风范和风尚。在学生中普遍存在情感冷漠、不关心他人、缺乏勤俭节约意识、浪费严重等现象，我们也经常会目睹或听到公共设施遭到破坏的事情。因此，加强对青少年的公民教育已迫在眉睫，刻不容缓。

我校通过组织学生开展公民教育实践活动，让学生主动寻找和发现社会现象、现实问题，并提出解决问题的方案。政教处、大队部还利用双休、节假日组织小队成员到社区打扫，在社区内发放自己设计的关于交通安全、废旧电池回收的宣传单。在此过程中培养学生的公民意识，使学生提高为人民服务的觉悟，形成诚实守信的习惯，拥有关注社会、关注发展的社会责任感和集体主义精神，养成基本的道德观念和文明习惯，在活动中提高学生研究性学习的能力。具体地说就是在实践活动中让学生融入生活，使学生认识并且关注社会中存在的公共问题，了解相关的公共政策，让他们以自己小公民的角色立足社会，体验生活。鼓励他们在实践的过程中传播公民知识，培育公民意识，张扬公民权利，呼唤公民责任，通过活动清晰地认识自身的价值，发挥潜力。在社会实践、问题研究的活动过程中，学校有意识地培养学生观察问题、思考问题及参与社会生活和实践的能力。

我们要做可见的德育教育——倡导不一样的现代公民教育，加强青少年学生的公民意识的培养，引导学生探寻生命的价值和存于社会的意义。把学生培养成合格公民，让学习可见、发展可观、素养可现。

"生活·实践"教育视角下小学德育模式的探索与实践

吴丽娜

儿童是祖国的未来，如何解放儿童、发展儿童是一个历久弥新的话题和热点。一百年前，陶行知构建了生活教育学说，以之来探求教育改革的中国路径。历史滋养着现实，现实取鉴于历史。如今，生活教育学说依然具有鲜活的生命力，在一代代学人的继承、发展和实践中，其内涵愈益丰富。尤其是在当今基础教育如火如荼的改革过程中，生活化、实践化育人成为重要的改革方向，这也深刻体现出"生活·实践"教育的时代性和创新性。"生活·实践"教育是我校特聘导师周洪宇教授提出的教育新理念、新主张。这种主张和理念如何落实到一所具体学校上，让学生通过生活与实践创造美好人生呢？结合近年来践行此教育理念的成果，现把经验总结如下。

一、"生活·实践"教育视野下学校德育改革主张

学生的生活具有整体性，学生成长过程中对外界的感知以及自我生长方式也具有整体性，因此，学生的养成教育，需要我们打开学科之间、部门之间、教学与活动之间、学校教育与社会教育之间的壁垒，以人的素质发展为指向，聚焦目标，丰富内容，统筹课程与活动，建构关联性强的主题教育体系。

（一）文化育德，让理想可见

基于"生活·实践"教育理念的德育观，其核心理念有三个：第一，"知行合一"的品质与行为是实践的，需要在生活中检验；第二，"知行合一"的

品质与行为是反复的，是人自我内心世界中善与恶、对与错、知与行的对峙和选择的过程；其三，"知行合一"的品质与行为是生长的，要在有文化的生活环境中不断发展。因此，我们主张"让学生过有文化的校园生活"，致力于打造以"和"为核心，具有荆楚文化内涵的现代化校园，让学生在良好的校园文化中提高品行，提升素养。近年来学校重点打造了校门大厅、学生家长课后服务中心、文化柱、诗词墙、国旗台、全新运动场、生态园等文化场域。我们利用这些育人阵地，对学生进行思想教育。各班班级文化建设展示了班级风采，鼓舞着孩子们积极奋进。

（二）阅读育心，让素养可见

阅读，是对人的精神世界的浸润与洗礼。学校利用各个公共区域，打造个性化阅读空间，开展一系列阅读活动，就是希望学生沐浴在书香里，通过读书，认知客观世界；通过读书，丰富精神世界；通过读书，促进"知行合一"品行的和谐发展，真正做到让学生与书结伴，与书同行，徜徉书海，快乐成长。

（三）活动育才，让创造可见

校园是学生生活之地，也是学生愿意改造的场所。学生的想象力和创造力都很丰富，因此，我们应该将校园还给学生，让学生成为校园环境和校园活动的主人，让学生充分发挥聪明才智，积极为校园建言献策，共同策划布置一系列校园德育活动，如水果湖一小文化传承系列课程，传统节日庆祝活动，礼仪教育等，活动育才，让素养可见，通过活动全面落实五育并举，促进五育融合。

（四）劳动育能，让成长可见

劳动是获取真知的实践起点，劳动教育更是立德树人的重要阵地。在生活中实践，在实践中生活。学校以"和雅"教育理念为指导，指导学生参与劳动锻炼、劳动技能大赛、亲子收纳PK赛、自制早餐秀、红领巾劳动服务岗……以劳树德，以劳启智，以劳健体，以劳育美，"慧劳动"系列教育活动把劳动的种子深深地种在了孩子们的心间。

二、"生活·实践"教育视野下学校德育改革实践

小胜靠智，大胜靠德。德育的核心是人的成长，点亮人的心灯，激发人

的成长愿望。"生活·实践"教育认为，德育是学校的精气神，是学生的加油站，更是学生成长的发动机。品德认识实践化、具体化，能带给学生亲身体验，是实现自我品德教育、提高道德素质、养成良好习惯的重要途径。

（一）做自主的习惯养成

什么是教育？正如叶圣陶先生所说："简单一句话，就是要养成习惯。"近年来，学校系统地开始了德育工作重建，努力促成学生习惯的养成教育出现新变化。

1. 策划开启，集中养习

在习惯养成的过程中，教师自觉地吸收学生力量，让学生参与讨论、选择、形成与传播，并且将其与学校文化沟通起来，促成其融入学校文化建设之中。一是变"规定"为"公约"。取消原先强制性的描述，采用儿童化的方式，采纳学生的合理化建议，让学生逐渐将外在的"约定"内化，体现真正意义上的生命成长。二是变"要求学生做"为"师生同做"。例如，学校的卫生打扫是孩子们进行劳动教育的主战场。如今，教师们和孩子们一样，每个人安排相应的责任区，携手共建美丽校园。三是自选习惯。我们从学生的角度引导学生从内心世界萌生对好习惯的向往，在班级中开展了"十大行为好习惯"的征集活动，让每一项习惯的诞生都来自学生群体的认同，使学生自觉地按照习惯的要求去努力。

2. 细化落实，日积月习

习惯培养坚持"小、细、实、恒"，我们围绕课间管理、上下楼梯、集队、路队、师生问好、文明就餐、清洁保洁等内容开展习惯培养，定期进行专项评价，夯实学校德育常规，深入推进学生良好习惯养成。在"全员德育、全程德育、全方位育人"的理念指导下，校园内也大力推进"消防安全常记心间""文明交通共同缔造""弯弯腰净校园""红领巾劳动服务岗""低碳节能垃圾分类"等活动，通过基地实践、榜样示范，影响释放更多的正能量。与此同时，我们还将德育评价融入实践活动中，提供红领巾监督岗岗位，通过干部轮岗制，调动每一个学生参与的积极性，不断提高学生的责任意识、服务意识和工作能力。

3. 动态调整，科学教育

习惯养成是培养人的教育应呈现动态变化的过程。借助新课程改革，我们还将习惯培养作为一门课程来设置，不仅有教学过程和教学内容，还有课程和学生评价。那么如何才算是习惯养成了呢？以学习习惯为例，我们指导班级针对学生整理用品、思考倾听、订正、阅读、书写、独立完成作业等6个习惯，制定了《班级学习习惯养成说明书》。其中，对每个学习习惯的达成标准进行了细分，划分为5级。一级是最基本的要求，五级是学生要达成的终极目标。根据实施情况，我们也会及时对标准做调整，用科学、操作性强的学生评价体系促进学生更好地成长。

（二）做适性的德育课程

道德教育除了共同的价值取向与共同的行为规范外，基本状态下是个体道德的自我成长。每个学生的生存环境、家庭教育、成长经历均有所不同，因此，"知行合一"的道德教育就需要让每个学生有适合他自己成长的教育方式。基于此，学校在对德育课程进行顶层设计的基础上，立足个性学生需求，补充拓展性课程，构建以课程为支柱、以体验为实施方式的德育课程体系。

1. 注重学生"知德"的课堂教学推进

根据学校德育目标体系的要求，设定清晰具体的德育课堂教学目标，与学生实际生活、生产劳动和社会实践相结合，基于学生的道德发展水平，创设真实或类真实的道德情境，在教学实施中，注重学生的主体性和教学的生成性。具体包括：实施好道德与法治课的教学；将德育课与智育、体育、美育、劳育融通；在各学科课程教学中融入渗透德育内容；注重利用地方和学校德育资源，开发、实施地方和学校特色校本德育课程等。让各学科教学焕发鲜活的生命力，呈现强烈的感召力并形成合力，共同致力于学生品格的提升和育人目标的实现。

2. 注重学生"行德"的德育活动开展

在完成国家课程的基础上，学校基于学生的发展阶段特征和水平，在班内、校内、校外组织开展主题明确、内容丰富、形式多样、吸引力强的德育活动，让每一个生命获得充分、有个性的发展。德育活动具体包括以下几类：一是结合传统文化开展文化传承系列德育课程和以社会主义核心价值体系为内容的爱国教育活动；二是开展系列化、课程化的少先队活动和丰富多彩的少先队主题教育；三是开展班级"一班一品"班级文化个性化设计活动；四是开展"劳动技能大赛""评选劳动技能小达人"等活动。

（三）做专业的教师培养

当前"双减"背景下，学校开放德育实践的有效推行尤其需要关注非专门德育工作者的德育专业化水平，即推进实现教师德育专业化。教师德育专业化的提升是一项系统性工程。提升教师德育专业化需要从以下三个方面入手。

1. 全面开展教师德育专业化培养

首先，将教师德育专业化纳入教育管理、学校事务和教师发展的重要范畴之中，提出明确的教师德育专业化发展要求，建构教师德育专业化的宏观指导方案。其次，因校制宜地组织高度专业化的德育教师开发和建构教师德育专业化的校本方案，全面提升教师对学校德育的价值认识，把握从事德育的原理和方法，学习经典的德育实践案例，提升每一位教师的育德能力。

2. 全面推行教师德育专业化实践

实践不仅是以一种训练的方式来实现能力的转化，更重要的是在实践情境的感悟中认同这种实践原则，进而固化和提升能力。学校通过开放德育活动的全面启动，聚焦德育课程、学科德育、活动德育等工作的全面推进，以学科实践、个体实践、专题实践、日常化实践、竞赛实践等方式推进全面的教师德育专业化实践。

3. 建立教师德育专业化评估机制

没有评价的教育改革实践难以保证其内在的实效性和长期的持续性。对此，学校在推行教师德育专业化之初，就要建立起标准化的教师德育专业化准则，组建开展教师德育专业化评价的专业团队，形成明确的评价反馈机制以及评价之后整改和提升的督促机制。

（四）做和谐的家校共育

家庭教育与学校教育是学生"知行合一"道德教育的双翼，学校教育以集体生活和课程建设为主，更多地承担着学生的社会性发展部分。家庭教育通过生活教育、榜样示范的方式，承担着引领学生做人做事的价值观和方法的职责。学校教育要把握家庭教育的方法与效度，家庭教育要了解学校教育的内容与要求，两种教育相互协调，配合共进，才能真正促进学生"知行合一"道德品质的和谐发展。培养小学生的健全人格，打造家校协同德育共同体，需要从三方面入手。

1. 加强公益性家庭指导，赋予学校德育"双重"使命

学校可以借助网络平台，创建"互联网+家庭指导""互联网+德育"的教育模式。通过德育共享服务平台，开通德育专线等方式，利用学校公众号发布德育资讯和科普文章，使家长可以自由灵活地接受家庭德育指导；通过组织线下"家长大讲堂""家长经验交流会"等家庭德育指导活动，加强家校之间的深入交流；通过家长进校园、进班级，教师进家庭、进生活等方式建立生活德育模式。

2. 建立协同德育资源库，实现家校资源"双向"转化

坚持"纵向衔接"的方针，结合小学生身心发展的阶段性规律，系统梳理各个年龄阶段的德育资源，明确不同类别德育资源所属的年龄阶段，按学段、主题合理分配德育资源，提升德育资源的针对性。坚持"横向贯通"的方针，在发挥学校德育资源"主渠道""主阵地"作用的同时，进一步加强家庭德育资源的挖掘和利用，将良好的家教、家风、家训融入课堂德育之中，将家庭中优秀的生活德育案例资源引入课堂，提高家校德育资源的使用率。

3. 搭建家校协同德育平台，实现德育主体"双向"互动

学校通过与QQ、微信、钉钉等多种媒介合作，增强德育信息呈现方式的多元化和多种媒介连接的黏性。例如，利用钉钉App打破家校线上交流会议的时空局限；利用公众号实现家校育人经验分享。家长可以通过德育平台快速准确地了解学生的思想动态、情绪状况；可以将在教育孩子上的疑惑上传至平台，请求专业教师答疑，教师将家长反馈的问题进行理论分析并提供解决方案。

综上所述，"生活·实践"教育视角下小学德育的发展策略，不仅顺应了国家育人方式变革的大形势，更与智能化社会、智能化教育的发展相适应，是一种绿色、可持续发展的质量体系。"生活·实践"教育也必将为我国基础教育发展以及理论探索做出自身努力，促进我国基础教育的优质发展。诚然，"生活·实践"教育视角下的小学德育模式改革是一项复杂的、深远的工程，我们将不断实践探索，力争取得更大更有效的突破，为培养时代新人做出更有力的贡献。

家长参与学校管理的可行性研究

章鑫

现代社会已普遍认识到：青少年及儿童的教育仅靠学校单方面的力量是难以完成的，需要社会各方面，尤其是家庭的通力合作，简而言之，也就是需要家长的配合。要把家庭纳入学校合作互动伙伴范围之中，形成社会教育、家庭教育与学校教育和谐共存的局面，促进学校教育的实施者与家庭成员之间的互动交往，使家庭教育与学校教育优势互补、相互促进、形成合力。

家长参与学校管理对于一些家长、教师、校长来说或许还是一个新名词，但是随着家长对参与学校管理权利意识的觉醒，学校权力也将会进一步地下移，家长参与学校管理将逐步成为社会公认的普遍现象。

一、家长参与学校管理是家长的权利与义务

（一）家长教育权是一种自然权，具有原生性

家长教育权自古即被认为是先于实定法而存在的自然权，乃超越法律权利义务关系之自然事实，所以实定法并非创造家长的权能，而是将自然关系加以确认，此乃根源于父母的亲权，是一种自然权，因为子女与父母有最亲密的血缘关系，所以父母对子女的抚养和教育责任，自然比国家来得重大。

家长具有原生性的教育权利、义务和责任。父母对子女的教育权利、义务和责任是从子女的出生开始的。父母把子女带到这个世界，并按他们的意愿安排子女最初的人生（直到子女有能力自己照顾自己为止）。这种行为同时也就赋予了父母的一项义务——抚养和保护子女。根据权利的自然概念，家长要尊重子女最基本的人权，即生存权和发展权，所以，父母享有对子女的教育权是

理所当然的。从原始社会开始，家长（家庭）教育权就作为一种自发的适应生存和生活需要的道德意义上的权利而普遍存在。

现代社会中，由于公共教育权的无限放大，使得家庭教育权相对缩小，不能再成为社会的主体教育权，但这一切并不会让家庭教育权消亡。作为一种原生性的、自然性的教育权利，它是任何时代、任何社会都不可能抹杀和替代的。因此，家长参与、了解、监督公共教育的权利必须得到保障和加强。家长参与学校管理的权利实际上是家庭教育权在现代社会学校中的一种反映。

（二）作为子女教育的出资人和代言人，家长具有参与学校管理的权利

从教育投入上看，家长是通过多种形式来支持教育的：缴纳给学校的学费、缴纳给政府用于教育投入的税费、为子女教育而支出的书本费以及家长的捐资助学费（也就是前几年盛行的择校费）等。其实就是家长在购买教育商品，既然家长是购买教育商品的出资人，学校教育关乎每一位家长的切身利益和投资效益，家长当然具有参与学校的教育教学管理的内在动力和权利要求，理应享有参与学校教育管理的权利。

同时，学生作为学校提供教育服务的使用者和消费者，教育教学效果的好坏可以直接从学生身上体现出来。作为学校管理对象的学生是学校中数量最大的利益群体，按照民主的基本原则，学生对学校的管理最具有知情权、发言权和建议权。可是，由于年龄的原因他们明辨是非的能力和独立思考的能力还不够，按照法律规定由监护人保障其权利，因此，学生对学校管理的发言权和参与权应当由其监护人（家长）代为行使。

（三）家长参与学校管理受宪法和法律的确认和保护

从20世纪70年代开始，法国、比利时、意大利等国就相继通过了旨在确保家长和社会公众广泛参与学校管理的法律法规文件。随后，其他国家纷纷仿效。到现在，几乎所有西方国家都颁布了这方面的法律、法规。还有一些国家，甚至把家长参与教育管理的权利直接列入了国家的根本大法——《宪法》。如葡萄牙《宪法》第77条规定："家长组织、教师组织、学生组织参与教育决策的方法，由相应的法律做出规定。"西班牙《宪法》第27条第7款也规定："在法律规定的范围内，家长、教师，适当情况下也包括学生，参与所有靠行政部门以国家公共基金维持的、其确立符合法律程序的教育中心的监督和管理。"

基于宪法对家长教育子女权利的确认，许多国家在专门的教育法律、法规及相应文件中对家长参与教育管理的权利进行了明确而具体的规定。英国1980年颁布的《教育法》和1988年颁布的《教育改革法》都规定，所有公立中学和300名学生以上的小学都必须设立董事会（由6人组成），家长代表至少占1/3。1998年颁布的《学校水准、结构法》规定，增加学校董事会（理事会）中家长代表的数量，并扩大家长的任务。美国在《宪法》中虽然没有专门提及家长参与学校管理的相关问题，但1994年美国总统克林顿签署了由众、参两院通过的《美国2000年教育目标法》。此文件将最初制定的6项教育目标增加到8项，增加的分别是家长参与教育和加强教师队伍建设，提出"到2000年，每所学校将通过家长参与学校管理，提升家长与学校的关系，促进儿童在社会、情感、学术上的成长"，以便"每所学校都促进与家长的伙伴关系"。

我国自20世纪50年代以来，就开始重视家长参与学校管理的问题，并已在实践中探索出一些有效的家长参与学校管理的方式。1988年12月25日颁布的《中共中央关于改革和加强中小学德育工作的通知》指出："关心和保护中小学生健康成长，不仅是教育部门和学校的职责，而且是全社会的责任和义务。要把社会和家庭教育同学校教育密切地结合起来，形成全社会关心中小学生健康成长的舆论和风气。"1989年国家教委在《关于进一步加强中小学德育工作的几点意见》中强调："教育行政部门和学校，要主动争取家庭、社会各方面的支持和配合，在实践中探索三结合教育的形式和方法。"1991年3月，我国政府签署了《儿童生存、保护和发展世界宣言》和《执行九十年代儿童生存、保护和发展世界宣言行动计划》。之后，我国政府颁布了一系列保护儿童的法律、法规。《九十年代中国儿童发展规划纲要》在"90年代我国儿童生存、保护和发展的主要目标"中明确规定要"使90%儿童（14岁以下）的家长不同程度地掌握保育、教育儿童的知识"。在"策略与措施"中规定要"发展社区教育，建立起学校（托幼园所）教育、社会教育、家庭教育相结合的育人机制，创造有利于儿童身心健康、和谐发展的社会和家庭环境"。1995年颁布的《中华人民共和国教育法》第29条在规定学校及其他教育机构应当履行的义务中规定："以适当方式为受教育者及其监护人了解教育者的学业成绩及其他有关情况提供便利。"2004年2月26日，中共中央、国务院颁布了《关于进一步加强和改进未成年人的思想道德建设》并明确指出："家庭教育在未成年人思想道德建设中具有特殊重要的作用，要把家庭教育与社会教育学校教育紧密结合起来。"

以上的国际国内法律条文虽然并没有明确指出父母有权参与学校教育教学的管理和参与学校管理的具体方式和具体内容，但都隐含着同一个意思——作为儿童监护人的父母有责任和权利维护儿童受教育方面的利益（包括学校教育）。父母参与学校管理是父母维护子女在学校受教育权利的必要手段。由此我们可以得出，家长参与学校管理的权利是法律赋予的，是合理并且合法的。

二、家长参与学校管理是促进学校改革和发展的根本条件

（一）家长参与学校管理符合教育基本原理

现实生活中，人们往往更关注教育输入和输出，如学校的生源、教师的名气、学生考试的排名和升学率等，几乎没有人去分析输入与输出之间学生受教育的过程，探究学生的学习体验。虽然有些研究者尝试着去对学生学习经验进行分析和研究，但也仅仅局限于在教室里发生的教学过程，没有分析其他影响学生学习经验的关键因素。实际上，教室、课堂以外的学生体验更应该得到重视。

学生的学习体验不是仅发生在教室里，还广泛存在于学校、家庭以及社会（社区）中。长期以来，人们对学生的学习成绩的关注度过高，以至只要谈到学生的学习体验，大家就把目光放在教室里，而没有注意到教室之外。片面地强调学习成绩的提升，是一种扭曲的教育行为，它让教师花费了大量时间来训练学生去专攻习题，实行题海战术，忽视了那些真正提高教育质量的关键因素。

从图2-1中可以看出，学生的学习经验不仅从学校内产生，也会在家庭、社区中产生。虽然这种学生接受各种教育影响的观点提出已久，并被广泛接受，但很少被应用在系统研究中作为理解和改进学生学习经验的途径。

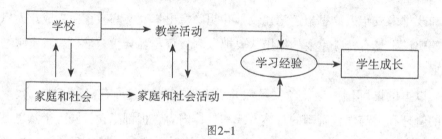

图2-1

在学生学习经验形成的过程中，进行家庭和社会活动时，家长对于孩子的教育居于完全主导的地位；进行学校（教学）活动时，教师对学生具有主要的影响力。只是彼此实践教育的手段与方式有所不同而已。家长与教师都是以学生为主要施教对象，立场都是一致的。因此，家长与教师应该互相协作，共同致力于教育，建立起"教育伙伴"关系。我们重新审视整个学生学习体验的形成过程，为家长参与学校管理提供了依据。

（二）家长参与是加强监督，提高学校管理效能的重要手段

现在中小学实行的校长负责制，目的是下放权力，扩大学校治学、办学的自主权，把治理学校的权力下放给校长，让其成为权责相符的学校管理的主体。多年来，完善校长负责制的思路也集中在如何扩大学校办学自主权上，对学校管理权力所应有的制衡与约束却很少论及。随着改革开放的不断深入带动经济体制和教育体制的变革，学校行使权力的范围不断扩大，开始出现权力过度集中的现象。学校管理的实践经验表明，如果学校的权力过大并且没有得到监督和制约，就会出现学校滥用权力而侵害受教育者的利益，甚至国家的利益。目前，对于学校权力的监督和制约主要是来自学校的上级——教育行政主管部门和学校的内部——学校教职工，然而这两种监督和制约都具有强烈的内部色彩，不能充分发挥社会监督的作用。教育属于社会公共事业，其出发点和归宿点都应以受教育者的利益为依据。家长作为未成年学生的监护人，是教育投资最直接的利益相关者和受益者。所以，让家长发挥监督作用是保证学校权力正常运行的必然选择。

家长参与学校管理是校本管理的重要内容，目的在于让家长分享学校管理的权力和责任。科恩（Cohen）和马奇（March）提出的"垃圾桶"模式（Garbage Can Model）为参与管理提供了有力的理论依据。"垃圾桶"模式认为组织的目标是不明确的，组织管理的手段和程序是不清楚的，组织的结构是不确定的。表现在学校中，学校的目标常常是不清楚而且会变化的，参与管理能体现当前的形势和反映未来的需求；学校的任务是多元、复杂的，需要众多相关利益群体做出贡献；再者，参与管理为学校成员和管理者提供了学习和发展的机会，也为参与者提供了理解和管理学校的机会。西方国家70年代开展的有效学校运动情况表明，家长参与学校管理能改进教师的工作状态和学生的精神面貌，有利于家长与学校的沟通，能促进学校决策的落实和被认同。我国政府对于学校的管理权正在逐步放开，如前几年兴起的"校本管理"和"家校合作"都是这方面的尝试，但要真正提高学校管理效能，其方向和趋势应转向逐步加强和完善家长参与学校管理的活动上。

（三）家长参与学校管理有利于推进学校管理现代化

我国正处于社会主义初级阶段，整个社会正处于剧烈的转型期，随着改革开放的逐步深入，社会各个方面在逐步走向开放和民主，这对中小学管理从观念到体制，从思想到行为都将产生深远的影响。学校管理现代化作为社会现代化的一部分，伴随着社会的经济、政治发展变化。新的时代，赋予学校管理新的内涵，并提出了更高的要求。学校管理现代化简而言之就是两个方面的现代化——"硬件"和"软件"。一所学校仅仅实现了管理"硬件"上的现代化，还不是真正意义上学校管理的现代化。它还必须具备管理"软件"的现代化——即具有现代的管理体制和模式，管理者具有现代管理意识和技能等。就目前而言，在学校管理现代化建设中，前面的实现已不成问题，关键是后者的实现。

家长参与学校管理——即家长以学校管理者和决策者的身份介入学校管理的各个环节，不仅符合时代潮流，而且对落实学校的服务意识，对促进学校管理的民主化、社会化和开放化都发挥着至关重要的作用。

1. 有利于教育服务意识的落实

"强化管理，向管理要质量，向服务要市场"已成为企业界，也包括科教文卫等政府部门在内的各方的共识。在教育消费意识日益盛行的今天，学校要想生存，要想得到更好的发展，必须树立为学生家长服务的意识。而家长作为教育经费的纳税人和消费者的这种意识也越来越浓，作为提供教育消费的学校，为了保证服务的质量，必须接受学生家长的监督和检查，让家长更深层次地参与到学校管理中来。因此，接受家长参与学校管理是学校落实教育服务的重要途径。

2. 有利于学校管理民主化的实现

学校管理民主化是近年来国内外教育改革的发展趋势。许多国家都在采取不同形式和方法，努力推动学校管理的民主化进程。人们希望通过决策的民主，让教育更加公正和平等，避免因过度集权造成教育决策的随意性。在学校管理民主化过程中，学生家长作为学校管理民主化的一支不可忽视的力量，接受他们参与学校管理。国内一些学校借鉴国外的做法，进行实验改革并取得了一定的成效。

3. 有利于学校管理的开放与社会化

传统的学校管理是封闭式的，当外界需要与学校建立联系时，只能通过学校的上级教育行政或其他手段获取反馈信息，是间接的，方式也很单一，由此可见，社会、家庭对学校管理介入的程度也很低。而新时期的教育观要求把学校与家庭、社会看作教育的统一体，要求学校加强与家庭、社会各方面的联系，构建"三位一体"的教育模式。这将有利于学校克服自身教育空间的封闭性、形式的单一性、内容的滞后性等传统的弊端，促使学校管理在更高层次上实现民主与开放。因此，家长参与学校管理不仅是学校管理现代化的要求，也将促进学校管理的开放与社会化。

三、家长参与学校管理是家校双方共同的愿景

（一）从学校方面来说，家长参与学校管理是对学校治理工作的有效补充和促进

家长参与学校管理，就是学校对涉及社会、家长、学生根本利益的重大问题与家长进行磋商和决定解决方案，最后形成决议和决策。家长参与学校管理落实的实质，是通过保障学生合法权益、维护家长切身利益来弥补中小学管理体制中的"缺位"，也是对中小学实行"校长负责制"的补充和完善，是学校民主管理体制建设的重大突破。

事实上，如果理智观察当今中小学中层出不穷的师生、家长与学校之间的诸多矛盾，不难发现，正是因为缺乏一种有效沟通和谅解的制度渠道，某些本来不复杂的问题日益复杂化，甚至成为一团乱麻，变得不可收拾，比如补课问题、校车问题、食宿问题、社会实践问题等。这些涉及学生切身利益的问题不

能全凭校方推行，否则，只会造成家长和学校之间不必要的矛盾。学生是学校教育最直接的利益相关者，但由于阅历和时间上的限制，不能参加学校的管理活动，所以当由家长来代表学生一方参与磋商、参与决策，如此才能使学校的工作更加切合实际。在学生和学校的利益发生矛盾的时候，怎样保证学生的权利就成了棘手的问题，而一旦家长参与学校管理，必要的沟通和决策机制建立起来了，但凡学校重大事项，与家长进行充分沟通并达成共识，类似的问题就可以迎刃而解。既有利于学校决策的顺利执行，也保证了学生的利益。

作为学校管理者应该认识到：家长参与学校管理，在形式上是家长分享了学校教育的管理权，意味着校方放弃一部分权力。实质上，这种权力的"缺失"对提高学校教育质量、实施民主管理与监督、提高学校管理效率都有着积极作用。何乐而不为！如此看来，家长参与学校管理于学校无损、于家长和学生有益，实在是双赢之举。

（二）从家长方面来说，家长参与学校管理有利于发挥自身的优势和能力

古人曰："三岁看大，七岁看老"，说明了把握家庭社会化方向的人主要是家长，家庭教育是整个社会化过程中的关键时期。因为家庭教育的主要对象是儿童和青少年，他们的大脑细胞正处在快速生长发育的活跃时期，也是潜意识学习的最佳时期和人格陶冶的最重要时期。同时，家长和儿童的特殊血缘关系决定了家长在儿童的身心发展中起着非同一般的作用。子女和家长的亲情关系、经济关系以及家长在日常生活中的表率作用，树立起家长在家庭中的权威性，这种权威是一种强大的教育力量，因此，家长参与学校管理有利于发挥自身的优势和能力。

首先，有利于形成教育合力，提高教育教学质量。教育家苏霍姆林斯基认为，没有家庭教育的学校教育和没有学校教育的家庭教育都不可能完成培养人这一极其细致和复杂的任务。这就是说学校（教师）和家长都是孩子不可替代的教育者。学校教育必须有家庭教育的密切配合。家长参与学校管理，一方面有利于对学校办学行为、教师教学行为进行监督；另一方面可以把家庭教育延伸到学校，进而与学校形成统一的教育思想与行为。形成教育合力，让家长在自己的参与下对自己的孩子进行教育。使家庭教育与学校教育保持一致性，这无疑将大大提高学生的教育成效，达到事半功倍的效果。

其次，有利于吸纳家长中丰富的教育资源，使学校办出特色。一方面，有的家长热心教育事业，愿意为子女的教育环境进行投资，学校可以充分吸纳他们的投资，来改善自身的办学条件；有的高素质的家长在某一方面具有一定的特长，学校可以聘请他们从事教育、教学或教辅工作，发挥他们的聪明才智，最大限度地带动其他家长参与学校事务的主动性和积极性，使隐性的教育资源转化为显性的教育资源。另一方面，家长参与学校管理，使学校与社会各界建立了广泛的联系，也使学校在教育服务对象、培养目标、教育内容、教学策略等方面表现出不同的个性，从而在办学上呈现出鲜明的特色。特别是在校本课程的开发上，可以充分挖掘家长中蕴藏的教育资源，使学校办学变得更加五彩缤纷。学校教育也会因为家长参与而变得更加富有活力和特色。

（三）家长参与学校管理促进学校形成科学的发展观，有利于学校可持续发展

现代学校管理制度要求学校要有科学的发展观，科学发展观的核心内容是"以人为本"，在学校教育中，落实科学发展观就是必须重视家庭教育，让家长参与到学校的管理中来。对学校来说，家长的参与既是一种压力，也是一种监督。它有利于学校正确地分析未来的发展方向及存在的问题，并努力改进自己的工作，提高教育教学管理质量。因此，学校管理者要转变思想，树立家长参与学校管理的新观念，并充分利用好这一点让学校又好又快地发展。

在西方国家，家长的意见直接影响到教师职务的晋升、工作成绩的评定甚至校长的评聘。学校由于有家长参与管理，可以及早地发现与剔除不合格的教师或校长，避免学校中发生重大恶性事件。因此，家长参与学校管理将迫使教师、校长不断地提高自身的业务水平，改进教育教学管理工作，使学校从更广的范围获得教育教学管理改革与发展的动力，从而更利于学校的可持续发展。

如今，家长参与学校管理已经成为世界教育发展的一个重要趋势，许多国家采取种种形式加强家庭与学校之间的联系，其研究在我国方兴未艾。家长参与学校管理不仅具有教育法学、教育经济学和教育管理学方面的依据，也是学校实施校本管理的重要组成部分。学校管理层对家长的部分分权和授权既是现代学校管理制度的必然趋势，也是学校提高整体水平的重要措施。

参考文献：

［1］秦惠民.走入教育法制的深处［M］北京：中国人民公安大学出版社，
　　1998.

［2］范秀双.论学生家长参与学校教育的权利［J］.教学与管理，2000
　　（8）：3-5.

［3］蒋有慧，曾晓燕.家长参与管理西方国家基础教育改革的新动向［J］.
　　江西教育科研，2000（5）：25-27.

［4］刁萌萌.台湾中小学家长参与学校管理透视与思考［J］.基础教育参
　　考，2006（3）：26-28.

［5］魏志春.论学校管理权力的制衡与约束［J］.现代教育论丛，2000
　　（1）：17-20.

［6］毛亚庆.论西方校本管理的管理特点［J］.外国教育研究，2002
　　（1）：44-48.

［7］李镇西.历史证明了苏霍姆林斯基的不朽［J］.新课程研究（教育管
　　理），2007（1）：70-71.

线上线下深度融合，"可见德育"润心无声

夏凤

立德树人，五育并举，培养德智体美劳全面发展的社会主义建设者和接班人的任务是全体教育人的共同目标。2019年发布的《中国教育现代化2035》进一步提出：更加注重学生全面发展，大力发展素质教育，促进德育、智育、体育、美育和劳动教育的有机融合，明确提出了"五育融合"的教育工作目标。

《可见的学习》的作者约翰·哈蒂说，"可见学习"具有两层含义，一是让教师看得见学生的学，始终知道自己的作用；二是让学生看得见教师的教，逐渐成为自己的教师。"可见"让教育目的更清晰，让教师能够更多站在学生角度调控自省自身的教育过程、方法、手段、措施。

德为人之本，人无"德"不立。举国抗"疫"的现实环境为开展可见德育开辟了广阔空间，抗击疫情带来的关于生命、敬畏、付出、担当、责任、奉献、爱国等的思考延伸到孩子们的教育教学中，让他们从中获得深刻的思考与感悟。

停课不停学，云端也有力量。打造可见课堂，拓宽德育渠道；开启可见互动，提升德育温度；创造可见活动，丰富德育内涵。线上线下深度融合，可见德育润心无声。

一、打造"可见课堂"，拓宽德育渠道

（一）微课、微校助力，德育课堂有活力

2月初是开学的日子，以往学生们是在操场上整齐地列队一起开启新的学

期，而现在因为疫情，师生没法会聚在校园，每个武汉人也因为疫情而心情紧张沉郁。这样重要的教育时刻，我们在线上推出了特别的网络开学典礼微课。微课中按照开学典礼的规范流程：升国旗、唱国歌、国旗下讲话，还新增同唱一首歌《我和我的祖国》。学生跟着微课，在线上参与了一次特殊的开学典礼。

各班家长在班级群里，积极分享了孩子参加线上开学典礼的照片和感受，"特殊的开学典礼，特殊的心灵洗礼""我想快点儿回到校园""雄壮的国歌声响起时，我的心里有一个声音：我们一定能打败新冠病毒""我会好好学习，长大了当一名厉害的医生"……微课"特殊的开学典礼"既强调了开学的仪式感，又让学生通过这次疫情增强了社会责任感。

我校一直坚持每周升旗仪式和班队会的开展，让孩子们在疫情防控的过程中，感受中华儿女众志成城、共克时艰的精神风貌，引导学生在感动中感悟、在感悟中成长，努力成长为担当民族复兴大任的时代新人。让孩子们在防控疫情的过程中，看到科技的力量、决策的关键、人性的多样及人生价值取向的丰富，从而教育学生树立正确的人生观、价值观，学会感恩社会，感恩祖国，感恩每一个默默奉献的人。

除了微课，我校还通过微校这个窗口向家长和学生加大德育宣传。为了让广大家长和学生对新冠病毒有更多的了解，做好相应的防护，微校推出不一样的"德育"课，内容涉及防疫的相关常识、抗疫的故事。让学生们逐步走进"新冠病毒"，了解病毒，学会防范病毒。

（二）线上同一课，家校沟通更密切

线上学习时间长了，也衍生出一些线下的问题：学生对电子产品的依赖，亲子交流的矛盾，亲子关系的紧张，等等。据不完全统计，在疫情期间，家庭里争吵的概率远高于平时，因为孩子玩手机时间过长的问题，成了家庭里亲子交流的主要矛盾。

为缓解紧张的亲子关系，提升孩子的自律能力，增进家长与孩子的情感沟通技巧和艺术，我倡导班主任老师密切关注这个问题，通过组织学生开同一主题班会，组织家长召开同一专题家长会，积极干预、协调、缓解矛盾。

我们组织"学会自律"主题班会课，全校师生在线上上同一课。引导学生自己找到原因，提高学生自律能力，帮助学生找到自律的方式方法。组织"理解打开沟通之门"专题家长会，引导家长关注学生心理，减轻不必要的心理焦虑，帮助家长学会放低姿态，与学生平等对话，对于孩子的心理多些理解，提供多种沟通方式的技巧供家长参考学习。特殊的"同一课"、小小的电子屏幕，联结了学生、家长、老师的心，让老师、家长和学生共同成长。

（三）线上直播课，德育巧借力

武汉是英雄的城市，其为抗击疫情或挺身而出或默默奉献的人民都是英雄的人民。为了让学生们足不出户走进英雄城市，了解英雄故事，我们联系了辛亥革命武昌起义纪念馆的社教老师，联手为孩子们打造了"红领巾牵手博物馆，一步步探寻英雄城"系列直播课堂。

每周五下午的班队会时间，学生进入由中队辅导员或班主任老师发在QQ、微信群里的腾讯课堂直播链接后，就能牵着辛亥革命武昌起义纪念馆的社教老师的手，一起"云逛博物馆，探寻英雄城"了。

直播课堂内容丰富，不仅能够在直播间里清楚地看到纪念馆的藏品，还能了解在这次疫情期间各位英雄的故事，一睹他们的"战疫武器"，更能听到社教老师专门为孩子们准备的细致讲解。

二、开启"可见互动"，提升德育温度

（一）关爱帮扶，老师紧紧牵着学生的手

疫情期间，许多医务人员、党员志愿者、社区志愿者等都加入一线抗击疫情的行列里，他们的孩子是这些英雄心里最深的牵挂。作为人民教师，作为武汉人，我们责无旁贷。因此有计划有步骤地对在校医护人员子女、受疫情影响家庭的学生、家庭学困学生等进行点对点帮扶关爱，是我们每一位班主任工作的重点。

（1）召开线上班主任工作会，班主任统计关爱帮扶对象，召开全体教职工大会，明确关爱帮扶实施方案，让每一位老师都积极参与到关爱帮扶活动中。

（2）"分级"实施帮扶工作。第一级，通过班主任、学科教师点对点帮扶，主动关心帮扶对象的学习及生活；第二级，老师们在帮扶过程中，发现有困难、较为复杂的学生情况，及时告知学校德育处，由学校心理健康教育团队来介入。

尽管居家隔离，但老师对学生的爱没有因距离阻断。老师们用亲切的文

字、温暖的声音，将一份份由衷的关切之情送到学生和家长的心田。

（二）云上牵手，空中传书，学生互动往来忙

学生们渴望交流，尤其渴望与同龄人交流，不能走出去，那我们就变换思路，在线上组织了学生与学生之间的交流和沟通。

校内学生在直播间里的相互问候，在电话线上的热切聊天，听到声音，如同见到真人。跨越山川的问候，多个外省兄弟学校向我们送来问候，我们组织学生用书画，用短视频等多种形式进行回复。在"空中画英雄、空中赞英雄、空中敬英雄"系列活动中，全体师生以绘画和手写祝福的形式向逆行英雄致敬，用手中的笔墨传递温暖和力量，坚定抗疫必胜的决心。

多种形式的交流，让学生从不感到孤单，反而是更加坚定了信念，强大了信心。每一份学生的书画作品，每一个学生的视频，我们都认真编辑剪裁，向全世界告知我们武汉伢是最幸福快乐的！

三、创造"可见活动"，丰富德育内涵

（一）云上亲子运动会，停课不停炼，我们用行动强健体魄

体为人之根，人无体则废。健康是最基本的生存条件，教育学生学会管理自己的身体和健康，是最基本的教育目标。

在这场战"疫"中，我校始终牵挂着孩子们的健康。在学校的全面部署下，我校体育老师根据各年龄段孩子们的成长需求，倾心为孩子们制订居家锻炼计划，录制居家锻炼视频，指导孩子们进行居家锻炼。此外，我校还开展了"亲子运动会"，以学生在家完成参赛项目，上传视频的形式进行。此次运动会不仅锻炼了学生的身心，还活跃了学习氛围，增强了学生的集体观念，对学生终身体育观的形成有重要影响。大人孩子一齐动起来，在欢笑声中，增进了亲子关系，融洽了亲子交流。

（二）云上亲子阅读，停课不停读，我们用阅读增强力量

因为疫情，2020年的春天，孩子们只能深居家中足不出户。疫情虽然阻挡了大家出行的脚步，但是书籍可以为孩子们插上翅膀，带他们在广阔的世界里翱翔。在第25个"世界读书日"即将到来之际，开展"4·23世界读书日"阅读分享系列活动，秀秀家庭读书照片，晒晒居家读书清单，书写经典美文金句，谈谈宅家"悦"读心得……孩子们一起分享读书的快乐，感受阅读的力量。

（三）云上劳动，停课不停劳，我们用劳动战胜疫情

劳乃成人之径，德、智、体、美之融合与表达最终都寓于劳之中。抗疫期间，我校开展线下劳动实践，为让宅在家里的孩子们有更多时间参与家务劳动，我们把家庭变作劳动教育的"训练场"，变作劳动教育的"第一课堂"。"亲自收纳PK赛"活动，让孩子们除了学会自己做自己的事情，还学着"当管家"，争当"家居收纳小能手"。我们还开展"自制早餐"活动，让孩子们跟着长辈学习烹饪，学会自食其力。

活动以养成教育为抓手，以感恩教育为载体，增强学生劳动观念，展示学生劳动技能，提高学生自理能力，培养学生全面发展。居家的时光让孩子们体验生活，录下一段视频，拍下一组照片，做成自己的电子纪念册，这就是成长的脚印。

（四）云上特别主题活动，用信念为国助威

2020年的六一，是一次特别的六一。我们以"致敬逆行先锋，争做新时代好队员"为主题，学生们在家中录制，用朗诵、演奏等多种形式，向逆行先锋致敬。收集的视频经过精心设计、编排，成为爱国主义教育生动丰富的精神盛宴。学生们观看后激动地表示"我们也要学英雄做英雄""长大了我也要像爸爸一样，当一名光荣的共产党员"……我们抓住特殊节点，教育孩子们的家国情怀，让孩子们真正成长为具有大爱大德大情怀的人。

坚持"五育融合"，让每一个孩子从中学会关爱生命、守护健康，学会自主、严格自律，懂得感恩、奉献大爱。"可见德育"浸润了学生心灵，坚定了理想信念，树立了远大志向。

让学生引领学生成长

——可见德育下的学生自我教育的引导与促进

梅雪蓉

自20世纪80年代中后期以来，素质教育不断地被摆在我国教育重点关注的问题当中。如何切实可行地将应试教育转变为素质教育也成为我国教育工作者不断探索的问题。就目前教育改革的形势来看，素质教育的概念已经在人们的脑海中初步成型，然而要真正实现素质教育，让学生真正成为教育的主体，教师退居教育幕后，把控教育方向，仍然有很长的路要走。

早期的应试教育重在智育，教师不仅起主导作用，更是处于教育的主体地位，不断地向学生灌输已有的知识经验一度成为教育的主流。在应试教育的弊端逐步显露之后，人们将眼光放到德育上来——教育的最终目的不是传授已有的东西，而是要把人的创造力量诱导出来，将生命感、价值感"唤醒"。于是德育终于被正式摆放到人们面前。

德育不仅是道德教育，更是让人成为人的手段。越来越多样的德育形式也在昭示着，德育应该被摆在智育之前。所谓"先成人，后成才"，先有了符合社会价值观的道德认知，具有了促进科技发展的知识体系，才能够被称为"人才"。从操作简单地诵读经典，到教师春风化雨的谆谆教诲，再到发扬民主精神选举学生干部进行自主管理，德育正一步一步走向春天。

一、教师处于主体地位的德育的弊端

（一）德育效果知行脱离

教师处主体地位的德育，是将教师摆在"人师"的身份中，与学生形成了上下级关系。学生仰望教师、听从教师教诲而无自主表达、质疑的权利；教师始终站在远离学生的位置，无法亲近学生内部，无法了解学生内心的真实想法。背离学生实际生活的德育形式，如通过让学生学习从未涉足的时代中演化出来的道德故事，从理性的层面理解故事的含义，将它内化成头脑中的理性知识。而这种德育效果的检验也是通过笔试答题的形式进行的。通过以往的经验不难看出，无论学生本身的道德水平发展程度如何，笔试答题的分数都是几近满分。这样看似学生已经将德育的主要内容内化至自身知识架构中去了，然而学生的各项实际行为指数往往给出不一样的检验结果。

常见的情况是学生在理性层面对所接受的德育内容已经认可，并且可以在理性层面做出符合社会道德要求的选择判断，而一旦在实际生活中遇到类似情境，往往抛弃理性，倾向于从感性层面和个人实际需要出发，做出有悖于理性层面认知的选择。这就必然导致德育处于尴尬的位置，德育效果也不见其效，即德育出现"知行脱离"。

常见的情况如：给学生出示一位同学踏入草坪攀折树枝、摘下鲜花的图片时，学生均能给出"这种行为是错误的，应该立即去制止他"的判断。然而在实际生活中，部分学生会出现类似的错误行为，并且当看到类似行为发生时，能够出声制止的学生少之又少。笔者曾经走访未制止错误行为发生的学生，他们表示没有出面制止的原因或出于"他的行为没有影响到我"，或出于"我没有合理的身份去制止他"等类似的想法。

出现这种知行脱离的状况，原因往往是德育形式和内容上出现了偏差。

从德育形式上看，教师处于主体地位，则德育的形式更倾向于口头传授、单项灌输，是应试教育在德育方面的体现。人如若能把道德如同知识一般通过头脑进行思考分析，而后做出符合社会道德要求的选择，人类社会的文明必然能够前进一大步。然而事与愿违，经过教师一遍又一遍的重复说教，或者经过学生的反复背诵，学生必然能够通过冷静的头脑分析而做出符合社会道德要求的选择，而这种选择也必然只能存在于不涉及自身利益的情况中。纵使德育的内容全部被学习者内化到自己的知识架构中，一旦出现触及自身利益的状况，没有被内在自我所认可的头脑是无法用理性说服行为的。而这时便会出现德育的知行脱离现象。

从内容上看，为方便处于主体地位的教师进行教学，德育内容往往被设计成书本知识，而这样的德育内容必然是脱离学生的生活实际的，同时因为书本本身的滞后性，造成德育内容无法及时进行更新换代。当今社会发展的速度之快，已经是有目共睹的，而如若仍然用课本教学的方式开展德育工作，则无异于杯水车薪。不能贴近学生生活实际的德育内容，必然无法引起学生的共鸣，甚至可能会因为从未涉足过课本中的时代，造成学生无法理解课本思维逻辑的后果。那么走到德育的知行脱离，只是或早或晚的一步罢了。

（二）个别教师承担德育任务

现代教育普遍认为，德育应该贯穿在各学科教学当中，根据不同学科所具备的特点，向学生实施不同方面的德育内容。这便意味着所有的教育从业者都肩负着随时随地对学生进行德育教育的任务，而不是由单独某个学科或班主任承担。但是通过走访发现，部分学校尚处在指导学生日常行为的任务完全落在班主任、德育主任等相关人员身上，而其他任课教师止步于发现不良行为及时报告班主任的阶段。

常见现象如：学生在任课教师课堂表现不佳，不听从任课教师指导和管理，当班主任随机出现在教室内时，学生行为马上转变，课堂教学方能步入正轨；学生出现不符合道德规范的行为如踩踏草坪时，在现场的任课教师及时向德育主任报告情况，而非自行出面制止学生的错误行为。笔者在走访时发现，出现这类情况的学校，学生在进行某项不符合学校要求的活动时，往往会听到学生说"班主任来了！""德育主任来了！"从而停止该活动，而对路过或在场的教师熟视无睹。

长期如此的后果便是，学生仅在相关人员出现时表现出良好行为，而在其未出现有其他任课教师在场的情况下，仍旧表现出不符合社会道德规范的行为。这就造成了班主任及相关德育工作人员的负担加重，除了完成日常教育教学工作外，相关人员的其余时间基本用来处理学生不良行为。

二、学生处于主体地位的德育探索

（一）引导学生自主管理、自我教育的必要性

学生的成长离不开家长、老师和学校的指导与帮助，但我们必须认识到这种帮助和指导很有可能会助长学生的依赖性，降低其独立性，使他们失去很多独自判断和思考的机会，许多学生即使到了高中仍然欠缺认识自我、反思自我

的能力。苏霍姆林斯基认为"只有能够激发学生去进行自我教育的教育,才是真正的教育"。

杜威提出"儿童是起点,是中心,而且是目的。儿童的发展、儿童的生长,就是理想所在"。"以儿童为中心"体现在教育过程,它要求教师应考虑儿童的个性特征,使每个学生都能发展他们的特长,尊重儿童在教育活动中的主体地位。"从做中学"是杜威教学理论的基本指导思想,将这种思想放置到德育中来,可以给予德育工作方向更深的思考和指引。

现代教育倡导"双主"教育模式,即"以教师为主导,学生为主体"的教育模式。在教育过程中如何实现学生自主管理,充分发挥学生主体作用,实现学生管理学生,教师退居幕后把控德育方向便成了现代教育探索的一个重要方向。

(二)学生自主管理、自我教育的探索

将教育的主体地位还给学生,意味着教师从台前退居到幕后,将舞台交给学生。对于小学德育工作来讲,由于小学生的是非判断能力发展有限,同时因为他们自我发展和自我认识的程度仍处于较低阶段,对教师的把控能力要求较高。尤其是小学四年级开始,学生的自我意识开始觉醒,自主感较强,教师的绝对权威性开始动摇。这时如果过于尊重全体学生,没有重点地培养学生自主管理带头人,则会对班级的集体荣誉感和凝聚力造成巨大冲击,出现谁也不服从谁、坚持自己意见的局面。所以笔者在日常工作中,发现对于小学教师来讲,培养学生的自主管理和自我教育能力,应将重点放在个别正义感强、能力突出的学生上,让学生来管理学生,充分将可以下放的权利交给学生,同时不忘维护教师自身的权威性。

笔者所在的学校曾经有一个班级,学生行为习惯没有在低年段养成,四年级时任课教师的课堂已经处于无秩序状态,进行正常教学已成困难。一次该班4名学生违反学校安全规定擅自攀爬,学校领导对其进行了面对面的严厉教育,并要求其每日到办公室报到,汇报每天的活动。一段时间后,校领导根据不同学生的改正表现,分别给予不同的任务:汇报班级内其他同学的动向,每人分摊不同的班级维护任务,如卫生监督、纪律监督、文明行为监督等。如发现班级内有相关行为不符合学校要求,则先问责相关领域的负责人,而不是教师代替监督人去处理违反规定的学生。在进行了一段时间后,校领导又给该班其他

因为违反学校规定而接受教育的学生分配了任务，一步步实现人人监督、人人负责，班级的德育教育逐步步入正轨。

在管理中逐步放手，让学生自己来当主人，自己管理自己，教师就要转变角色，担当教练员——培养学生自我管理、自我教育的能力，使学生在自我管理中提升自我教育的能力，在自我教育中提升自我管理的能力。如何对他们进行正确的教育和指导，对学生的发展具有重要的、特殊的意义。坚持"扶""放""导"的三字原则，即"教师帮扶、大胆放权、及时引导"，可以使班级活动得以存在，得以发展，得以延续。"导"是深化的"扶"，又是高层次的"放"。周而复始，使学生提高了认识，经受了锻炼，逐步形成了人人爱集体、人人做工作、团结奋进的良好校风，使学校活动始终有强大的生命力。

小学的学生组织即少先队组织，通过对大队干部的聘用，逐步分担教师的德育教育任务。在学生活动组织管理上，大队辅导员需要将活动大体流程确定，任务分派给相关的大队干部，再由大队干部带领不同年级的中队长逐步完成活动的组织和进行。

在筹划一年级新生入队的时候，笔者将大队委（即少先队大队委员会委员）召集开会，给每一位大队委发放了针对一年级新生的少先队知识纲要，并将制作好的少先队基础知识PPT交给他们，向他们布置了相关任务：熟悉少先队知识；熟悉PPT（可以根据自己的需要进行适当修改）；在周五少先队活动课的时候老队员进入一年级各班，给一年级的同学进行少先队基础知识教育。学生比老师更了解学生，他们年龄相近，也更清楚什么样的形式更吸引比自己年龄小的同学，笔者只是把握了宣传内容的大方向，将形式的确定以及活动的各个环节设计全部下放给大队委。据活动后的走访了解到，一年级的班主任及小同学都很欢迎大哥哥大姐姐走进教室给他们上一节学生自己的活动课；而六年级的大队干部也在这一次的活动组织和主讲中，发现了自己尚未得到发展的地方，为他们未来的进步指明了方向。

在日常的检查中也发现，学生对来自同龄的榜样的激励和监督更为受用，因为教师是成年人，他们往往会觉得教师在用过高的标准要求自己，而如若提出要求的是自己的同龄人，他们就会认为"他能够做到，那我也能做到"。这样利用学生干部的榜样和监督作用，实现了学生的自主管理，也通过榜样对比，实现了学生的自我教育。

三、结论

教育的过程不仅是要从外部解放成长者，而且要唤醒成长者的人格和心灵，解放成长者的内部创造力。未成年人是一块尚未被完全开垦的沃土，他们的内部创造力是无限的，作为教师，要做的仅仅是提供一块安全广阔的平台，在把握住大方向的前提下，让他们在这个舞台上不断地唤醒自己的内部想法。唤醒的本质就是让学生领悟"意义"。这种"意义"并不是指知识本身的意义，而是指人的精神的领悟和发现，即生命或人生的意义。

正因为学生内部创造力的无限性，德育在学生自主管理、自我教育领域的意义才更深远，而身为教师，如果能够在教育教学工作中，将本应属于学生的主体地位还给他们，便能从学生的身上得到自己尚未发现的东西。

参考文献：

[1] 陈虹.真正的教育在于"唤醒"[J].北京教育（高教版），2001（5）：26.

[2] 杨国荣.引导学生自我教育，促进师生共同成长[J].大连教育学院学报，2015（2）：83-84.

[3] 冯现冬，张伟忠.唤醒教育与语文新课程[J].课程·教材·教法，2005（11）：26-29.

让教育"可见"，让习得"可见"

——浅谈小学生的自我教育

王俊

现任澳大利亚墨尔本大学教育研究所主任约翰·哈蒂撰写了《可见的学习》一书，这本书是哈蒂教授及其团队，使用元分析的方法，研究了15年的成果。书中收集大量的数据，提出了"可见学习"的原则，揭示了究竟什么可以真正带来学校学习的改进。

《可见的学习》一书中指出："可见"首先指让学生的"学"对教师可见，确保教师能够明确辨析出对学生学习产生显著作用的因素；"可见"，还指教师的"教"对学生可见，从而使学生学会成为自己的教师——这是终身学习或自我调节的核心属性。

通过"可见学习"，能最大限度地促进学生的学习。学生的良好行为习惯的养成，也是一个"习得"的过程。我们可以创造性地把"可见学习"中的一些原则和方法应用到我们的班级管理和教育中来。在良好行为习惯的学习、训练过程中，作为教师的我们，同样要让自己的教育"可见"，让学生习得的过程"可见"。

在班级管理和教育中，学生的自我教育的能力培养，是极其重要的。"授人以鱼不如授人以渔"，灵慧的班主任更注重培养学生自我教育的能力。

何为"自我教育"？关于自我教育的定义，西方学者普遍认为：自我教育就是"自己"教育"自己"的过程。自我教育本质就是主体的我对客体的我的把握、认识、完善和超越的过程。苏霍姆林斯基则指出："自我教育是学校教育中的极为重要的一个因素"，"促进自我教育的教育才是真正的教育"。

一、自我教育的意义

自我教育是作为教育主体的人，自己对自己的教育。教育是由学校教育、社会教育和家庭教育构成。学校教育在教育体系中起主导作用（其中教师的影响最大），而个体的自我教育，则是以上三种教育发挥作用的基础。试想你所带的学生都能自己对自己进行教育，那我们教师的工作岂不是轻松很多。

从长远来看，人的一生，在校受教育的时间也就十几年，更多的时间人们都处在自我教育和自我管理阶段。没有自我教育的教育，是不完全的教育；没有自我管理的管理，是无实效的管理。

小学生的自我教育，不是从入校的第一天自己就会的，它也是一个学习的过程。在教师谆谆教导、细心引导、耐心训练中，他们才逐渐学会自我教育。教师在这个过程中要让自己教育的过程"可见"，让学生习得的过程"可见"。只有教与学都"可见"，才能及时收到反馈，教师不断调整教育方式，学生不断对自我教育进行改进，从而促进学生良好行为习惯的养成，全面提升学生的综合素质。

二、自我教育的实施

自我教育伴随着人的一生。一个能对自己进行终身教育的人，一定是一个不断自我完善、不断进步的人。班主任要在教育、引导、训练中一步一步提高小学生自我教育的能力，为他们的终身发展奠定坚实的基础。

（一）自知：让学生自己知道对与错

入学前孩子已经有了初步的是非观念。入学后，进入一个集体生活、学习的环境，要学习的内容很多：《小学生守则》、校规、班规等。对学生而言，这就是一个个的挑战。没有规矩就不成方圆，班主任对这些规章制度要逐一讲解，让孩子们知晓并懂得为何要遵守。给学生的目标一定要具体而清晰，要让学生自己看得到，既针对个人实际，又高于学生的认知，并且力争学生学习之后可以达到。例如，我讲上下楼梯时要靠右行走，乘坐扶手电梯时要靠右站立。孩子们对此不理解，他们经常两三个人在楼梯、扶手电梯上并排行走或站立。我告诉他们要把楼梯或扶手电梯左侧留出来，给那些赶时间的人，左侧的空位子好似汽车的超车道，孩子们恍然大悟。在明白了道理之后，还要进行上下楼梯靠右行，乘坐扶手电梯靠右站的针对性训练。只有孩子们在班主任教育、引导、帮助、训练后，自己在心中建立起规则意识，自我教育才有实施的标准。

（二）自省：教会学生自我反省

金无足赤，人无完人。人不可能不犯错误，重要的是认识到这一点之后，我们要以什么样的态度去对待自己的不足、过失和错误。我们能不能像古人那样"吾日三省吾身"？每天都对自己进行认真的剖析呢？

首先，我会告诉学生们其中的道理："人非圣贤，孰能无过？即使是圣贤，也是会有过错的，有错误并不可怕，错误能帮助我们认清自我。但错误是需要及时改正的，想要从根本上改正错误，首先就是要静下心来反省下自己，找出内在的根源，并努力在以后的学习和生活中克服它。每天花一分钟时间来反省一下，发扬优点，改正缺点，长期坚持，你会变得越来越好！"

其次，我会采取措施，帮助学生来自省。我所带的班级每天多布置了一项作业——写一写"今天我有哪三点值得表扬，哪三点值得改正"。通过这项作业，"逼迫"学生每天对自己的日常行为进行反省，在反省中发现并改正自己的不足，在反省中肯定自己的优点并发扬光大，不断进步。刚开始，学生写不出来，因为他们很少关注自己的言行，或者说对发生过的小事很容易遗忘。但因为是项作业，又不得不每天关注自己的言行。慢慢地，孩子们会有意识地主动关注身边发生的事情，以及自己在事情中的态度和表现。

我每天批改这项作业时，看到了每个孩子极富个性的认知、情感、价值观，我会针对每个孩子的情况进行及时反馈。有的就在作业本上批阅——及时肯定孩子值得表扬之处，面对不足之处就提出改进方法；有的会在全班进行口语表扬；有的会私下找孩子谈心……这项作业坚持了一个学期，孩子们慢慢养成了"吾日三省吾身"的习惯。学生能看到班主任对自己教育，也能看到自己在班主任教育、引导下的点滴进步。

一学期后，我告诉学生："反省不必拘泥于形式，可随时随地地进行。一个人静坐时，饭后散步时，深夜独处时，晚上临睡时都可以思考下自己的一言一行。"贪玩时，要反省是否对得起谆谆教导我们的教师和父母；和同学闹别扭时，要反省是否对得起昔日同学帮助的情谊；横穿马路时，要反省是否给自己和他人带来生命危险……自我反省能够让孩子们不断发现并改正自己的缺点，认识和发扬自己的优点，并不断完善、超越自己。

（三）自律：教会学生自我约束

自律，即自我约束。它是对一个人意志力的考验。歌德曾经告诫过人们："不论做任何事情，自律都至关重要。自我节制，自我约束，是一种控制能力……"小学生年龄小，但道理都懂，也能每天进行反省，只是落实起来比较困难，因而自律显得尤为重要。自律是自我教育的最高体现形式，要从小事做起。例如每天读一篇文章、记三个成语、每节课发一次言、主动向老师同学问好……行为心理学研究表明：21天以上的重复会形成习惯；90天的重复会形成稳定的习惯。同一个动作，重复21天就会变成习惯性的动作；同样道理，任何一个想法，重复21天，或者重复验证21次，就会变成习惯性的想法。让自我约束成为一种习惯，好的习惯一旦养成就会成为人格的一部分，俗话说"习惯成自然"。

当然，在这个形成习惯的过程中，学生的行为是会有反复的，因为会受到外界许多因素的诱惑。就拿玩手游来说吧，爱玩是孩子的天性，游戏的情节、界面的设置具有很大的感官刺激性，孩子容易上瘾。这就需要顽强的意志力做助推剂，将内心的意识变为抵制玩游戏的行动。孩子毕竟是孩子，其自律性不是那么强，作为班主任和家长要宽容以待，要允许孩子们犯错误，在错误中反省，在反省中不断进步。

班主任工作对学生而言意义非凡，好的教师会让学生终身受益，让我们把一生矢志教育的心愿化为热爱学生的一团火，提高学生自我教育的能力。我相信今日含苞欲放的花蕾，明日一定能盛开出绚丽的花朵。

让德育可见，助力学生成长

叶智娟

深化基础教育改革，落实立德树人根本任务，促进教育高质量发展，实现国家教育现代化的蓝图，是每一位教师面临的现实任务。

"可见学习"是郭元祥教授带领的深度教学团队与水果湖一小合作的一项学校发展项目，旨在结合深度教学理论与实践，推动学校教师专业发展以及教育教学改革，最终实现学生学习可见、发展可观、素养可现。

作为一名班主任，我参与了学校"可见学习"课题项目，在德育方面进行了实践研究。特别是在疫情防控特殊时期，教师在线上课、学生居家，师生之间似乎远隔千里，却又守望相助，情满屏幕。作为班主任，我是学校与学生、家长之间的桥梁，是联系学生和家长的最密切的教育工作者，如何通过线上教学让"学习可见"，从而维护社会安定、促进家庭和谐、助力学生的成长呢？我做了如下尝试。

一、让学习可见，让思维发生

2020年春季，因为疫情，孩子们只能深居家中足不出户。疫情虽然阻挡了大家出行的脚步，但是书籍可以为孩子们插上翅膀，带他们在广阔的世界里翱翔！在第25个"世界读书日"即将到来之际，我在班级里开展了"4·23世界读书日"阅读分享系列活动。亲子共读是最有温度的成长陪伴，共读不仅是阅读本身，更是父母之爱和亲情的流淌。孩子们从小养成爱阅读的好习惯，涵养精神，不惧未来。

还有晒晒居家读书清单，书写经典美文金句，谈谈宅家"悦"读心得……

让孩子们一起分享读书的快乐，感受阅读的力量。阅读是开启智慧的窗，是打开心灵的门，是一个人精神成长的重要渠道。"4·23世界读书日"阅读分享系列活动让居家学习呈现可视、可见、可感、可悟、可现的立体过程，是多维、多层、多向的复合样态。

二、让文化浸润，让心灵滋养

疫情期间我也在不断反思，这个特殊的学期何尝不是一堂公开课，一堂有关生命、科学、责任、奉献、坚守的公开课！这场疫情让武汉遭受了巨大灾难，身为这个城市的一名学生，更是应该参与、体会、了解抗击"新冠"相关知识，记住一些深刻的东西。于是我注重创新工作方法，引导学生开展各项文化活动，在特殊时期给学生以心灵精神的滋养，助力他们成长。

我发动学生参加公益活动"一封画信"，让学生了解武汉疫情，了解抗疫必备的知识，与外地孩子互动。同时，也通过这种特别的交流方式，来给学生减压，做心理疏导。在收到无锡市峰影小学的来信后，学生们结合自己的经历，绘制了大量图画，双方相互来信，彼此鼓励。央视网视频中心直播中国项目组获悉了此事，便联络了全国各地的插画师，为我们两校师生绘制正能量海报，并送上祝福："希望这些暖心的画面，可以给到你们以激励，引导大家去畅想美好的未来，让大家相信，希望一直存在，武汉也一定能够击败新冠病毒，恢复往日生机，同学们也能早日重聚。"

每周五下午班队会时间，我会组织同学们进入辛亥革命武昌起义纪念馆的社教老师的直播课堂，参与"红领巾牵手博物馆，一步步探寻英雄城"的系列直播课程。孩子们不仅能够在直播间里清楚地看到纪念馆的藏品，还能了解在这次疫情期间各位英雄的故事，一睹他们的"战疫武器"，更能听到社教老师专门为我们准备的适合少年儿童的细致讲解。课堂上，孩子们通过直播跟老师互动，分享自己家的抗疫故事，收获了满满的感动。

三、让素养表现，让生命灵动

在这个特殊的学期里，我也特别注重全班同学的居家生活和心理疏导，呼吁家长们多陪伴孩子。家长平时忙于工作，与孩子亲近的时间太少了，因为疫情各行各业开工都很晚，家长们待在家里的时间充裕，也正是与孩子交流沟通的大好时机。我会在每个周末安排孩子为做家务打卡，虽然是简单的家务但是也能体现孩子们的孝心。在家务实践中，也促进学生进一步增强劳动意识，形成健康的生活方式。教育名家魏书生老师曾说过："教育孩子的头等大事，就是让孩子承担起家庭责任。"一个人，爱祖国、爱人民看不见摸不着，如果爱自己的父母，最好的表现方式就是替父母干一些力所能及的家务劳动，用行动心疼自己的父母。俗话说：一屋不扫，何以扫天下！一个从小对自己的家庭有责任心的人，长大之后才会胸怀天下，富有家国情怀，才能更好地爱祖国、爱人民。

钟南山爷爷说，抗击疫情最大的利器就是增强自己的体质。我号召孩子们宅在家里，运动不停。让孩子们同爸妈一道，开展"云上亲子运动"体育活动，有效增强了全家人的身心健康。瞧，孩子们和爸爸妈妈一起，完成了世界上最可爱的仰卧起坐。运动中，学生们不仅能锻炼身体、预防近视，还和家长一起度过美好的亲子时光。

我还举办了"感恩在行动"主题活动。活动分为感恩关爱、表达感恩、延续关爱三部分，同学们观察妈妈（奶奶、外婆）和老师对自己的关爱行动，从一点一滴的小事中寻找爱的所在，并通过多种可见的方式表达感恩之情，比如一张"眼中的妈妈"的绘画、一次热烈的拥抱、一声轻轻的"我爱您"、一封感恩的信、一张祝福的卡片、一次"当家"的体验……同学们与长辈们在亲密接触和相互付出中体验别样的幸福，让孩子们学会感恩，也拥有了不一样的收获。

德育是一件关乎学生长远发展的重要工作，身为班主任，我们必须用发展的眼光看问题。越是在疫情隔空教学的情况下，我们越是要心细，从小处着手，加大线上沟通频率，用电话、语音、视频、文字等沟通方式，让管理可见，让学习可见，助力学生良好习惯的养成，聚焦于学生的必备品格和关键能力，让核心素养可见，实现学生精神发育。

育人为本，成长可见

——班级可见教育之点滴探索实践

叶青

《国家中长期教育改革和发展规划纲要》指出："育人为本是教育工作的根本要求。"新时代赋予教育以新的时代内涵，全面实行"育人为本"的管理思想，尊重教育规律和学生身心发展规律，关心每个学生的学习，让学生在轻松快乐的氛围中可见性成长，为学生综合素质的发展提供有效平台，势在必行。

成长可见基于"可见学习"，强调教和学的可见性。"可见"一是确保学生学习的发生对教师可见，确保教师能够准确找出对学生学习产生显著促进作用的因素，二是确保教学对学生可见，从而使学生成为自己的教师。此外，确保教学周围的人（社会、学校、家长）能够明确清晰地知道自身对学习产生的影响。

有鉴于此，我班在2018—2021年，以"可见的成长"为主题，将"可见学习"理论运用于教育教学中，开展了一系列的育人为本活动，让学生的学习真正发生，让学生的思维有迹可循。

一、坚持环境育人，学生学习热情高涨可见

苏霍姆林斯基曾经说："无论是种植花草树木，还是悬挂图片标语，或是利用墙报，我们都将从审美的高度深入规划，以便挖掘其潜移默化的育人功能，并最终连学校的墙壁也在说话。"优美的教室环境构筑可见的教育环境，

能给学生增添生活与学习的乐趣，有助于培养学生正确的审美观，陶冶学生情操，增强班级的向心力、凝聚力。

我班通过教室墙壁、班级墙报和学生年度积分榜等系列可见性的生活场景或育人语境设置，使得课堂教育情境生动而又令人印象深刻，引发学生产生情感的共鸣，从而促进学习的热情和主动性，充分体现学习环境支撑教学改革的社会学与教育学意义。

（一）让墙壁说话

教室的布置是班级文化建设的重要组成部分。设计和布置的劳动过程就是一个教育过程，学生自己体会美，体验审美情趣，发挥创造力，提高集体责任感，增强集体的凝聚力和向心力，一举多得。

（二）让墙报说话

小学生普遍具有强烈的表现欲，墙报设计可以给学生提供充分展示自我、释放天性、发挥才华的空间，是学生自我展示的可见性舞台，仿佛多了一位沉默而有风范的教师一样，起着无声胜有声的可见性教育作用。

我班的墙报在形式上注重与教育环境的和谐，以对称美和结构美与墙壁上方的标语相互映衬；在内容上从各个学科的学习到思想教育，从趣味知识到文体内容，可谓丰富多彩。如美术作品展览、优秀作文展示、诗词书法作品展等；在表现手法上采用了绘画、剪纸、拼贴等不同的艺术形式，明快的色调、稚嫩的线条、天马行空的想象，充满童趣。

（三）让积分榜说话

教师搭台、学生打擂，积分榜上争先后。我班教室讲台的左侧张贴了一张班级安全公约和年度积分比赛榜。班级安全公约为学生提供了评定品格行为的内在尺度，学生通过自我约束、自我管理、自我提高，朝着符合班级群体利益和教育培养目标的方向发展。

从二年级的"比比赛赛谁最棒"榜单到三年级的"牛年牛娃谁最牛"榜单，全班54名学生在同一平台及考核机制下公平竞争，比一比谁得的小红花最多。2021年是牛年，全班与时俱进比比"小红牛"，看看谁先到顶峰，形成浓厚的你追我赶、竞争向上的氛围，激发学生的上进心，让良好班风的养成可见，让学生高涨学习的热情可见。

二、坚持文化育人，学生人文素质养成可见

文化育人在人的全面和谐发展的教育中发挥着至关重要的作用，促使学校教育教学改革的可见品性凸显，支撑师生相互可见的对话教学，使得"教师的教可见""学生的学可见"，真正做到以学定教，促进教师与学生的多维互动，既提高师资队伍整体水平，也提高学生的文化素养，使之成为适应社会发展的有用人才。

（一）让图书角说话

阅读可以满足学生的认知和情感需求。我班在教室一角创立图书角，鼓励学生捐献共享自己喜爱的书籍，管好用好图书角，营造"书香班级"文化氛围。图书角每天中午开放，安排图书管理员，做好阅读登记、图书整理等。

为激发学生的阅读兴趣，我们开展了一系列的读书竞赛活动，如交流读书心得，进行《读后感》作文比赛并张贴在"书香满园"墙壁上，课外知识大擂台，评比"读书之星"等，通过多种形式的读书活动，让学生的阅读面扩大，班级充满浓浓的书香气息，人文素质养成可见。

（二）让班队会说话

少先队是少年儿童自己的组织，少先队员是组织的主人。充分利用班队会的育人功能，发挥他们的主人翁精神，让他们自己主持班队会，变被动为主动，让班队会说话，不仅能培养孩子们的集体主义精神，还能促使他们早日形成"诚实、勇敢、活泼、团结"的先锋队作风。

看！所有的孩子都戴上了鲜艳的红领巾，这一次"少先队的光荣史"主题班会由阳同学来主持。他通过文字、图片、视频等资料向大家介绍了少先队的光荣史，同学们上台演示敬少先队礼，比比谁系的红领巾又快又好，进行少先队相关知识抢答，全班同学齐声高唱少先队队歌，全程由孩子们自己组织，自己主持，活动圆满结束，学生人文素质养成可见！

（三）让小记者报道说话

小记者报道也是我班文化育人的一大特色！每次班队会结束后，相应的班级小记者会及时加以报道宣传。

这些报道中，有小记者袁同学发来的快讯《我是小小追梦人》，其以简洁的语言报道了《圆梦蒲公英暑期分享会》的班会活动。有小记者吴同学发来的

"迎中秋·感恩情"主题班会纪实报道，还有小记者简同学带来的"少先队的光荣史"主题班会纪实报道等。这些报道，都是孩子们亲自参与，观察思考的结果，图文并茂，言简意赅。虽然现阶段他们文笔还稍显稚嫩，观察还缺乏全面，但孩子们勇于参与、勇于实践，就已迈出了"可见学习"、走向成功的第一步！

三、坚持活动育人，学生高阶思维能力可见

结合学校平台将活动和育人紧密结合起来，突出德育的针对性和实效性，通过开展有益有趣的课外延伸活动，让学生广泛接触生活，参与社会实践，丰富社会阅历，在"可见学习"中促进学生的高阶思维能力发展，集中体现了知识时代对人才素质提出的新要求。

（一）让诵读活动说话

"可见学习"不只是外在的呈现，更是顺沿儿童生命成长的设计。针对低年级孩子表现力强的特点，我们班开展了寒暑假诵读活动。

诵读是一种传情的艺术。以诵读语感为目标，以诵读示范为引擎，以诵读层次感为路径，是教师及学生彼此都要深知自己教与学影响的可见性学习的体验。朗诵者首先要注意服饰与背景的和谐统一与相得益彰，让观众先入为主，赏心悦目。其次要注意内容与音乐背景的选择，准确地把握作品内容，透彻地理解其内在含义。

我班陈同学诵读的朱自清的《匆匆》，让我们懂得了要珍惜时间；简同学诵读的金波的《带雨的花》，让我们感叹童年的美好时光；胡同学诵读的《假如我是一棵树》，以英雄先烈们的悲壮激昂让我们感怀今日之美好，是多少前辈们的负重前行换来的；张同学为了配合朱自清的《春》中描写万物复苏、春意朦胧的意境，选择了瑞士最著名的班得瑞音乐作品*One Day in Spring*，文乐配合相得益彰，学生高阶思维能力可见。

（二）让争章活动说话

疫情期间，我班全体同学居家自学。在班级组织的争章活动中，教师通过学生们的实际行动，"看见"学生即时的学习行为与个体特点，及时改进自己的教学目标和方法，学生也因此获得愈加优质的教育资本。

强健体魄，争健康章。在疫情形势依然严峻的寒假期间，孩子们虽然放

假在家，但锻炼身体的热情不减，通过各种方式加强锻炼，做到全员健康无异常。

文明精神，促劳动章。学校教育和家庭引导，让孩子们在学习文化知识的同时不忘优良传统的继承和发扬。寒假期间，孩子们积极做家务，在点滴的生活中，感悟什么是成长。

盛赞华诞，展红心章。少先队员是共产主义接班人，在中国共产党百年华诞，少先队员们更是通过各种形式表达对党百年华诞的祝福，有舞蹈、朗诵、钢琴曲、小报……形式多样的活动展现了我班同学不一样的少年风采。

（三）让军营活动说话

"可见学习"还体现在潜入纵深的社会实践活动中，这种实践活动可以培养学生的精气神，给予学生奋发向上、积极进取的力量。

"少年强则国强"，阳春三月我们走进武警茶港中队，先后观摩了队史馆、内务设置和武器装备，感受军营文化，在参观中体验了一堂可见的党史教育课。

叠被子、放牙膏这些小事看似平凡但不简单。当一块块方方正正的"豆腐块"呈现在孩子们眼前时，大家都发出了啧啧的赞叹，战士们立刻开始了现场教学，指导叠被子、放牙膏牙刷等（图2-2）。在这种可见性的实践操作中，孩子们个个目不转睛，跃跃欲试。

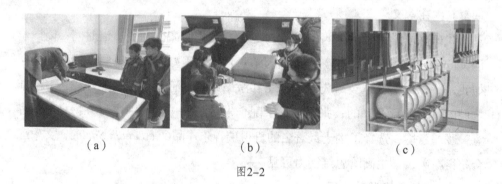

（a）　　　　　　（b）　　　　　　（c）

图2-2

最兴奋的是参观武器装备，学生们好奇地到处摸一摸，试一试，拉着战士们问东问西，纷纷流露出渴望的神情。"我长大了也要成为一名军人，保家卫国！"几个小男孩神气地说，育人效果立竿见影，水到渠成。武警战士们还带来了整齐划一的队列展示，威武有力的单兵战术、擒拿格斗等训练科目。

活动的最后，学生们也为武警战士们带来了精彩的节目表演（图2-3）。有的朗诵、有的跳舞、有的唱歌，受到了武警战士的一致称赞。

图2-3

通过这次"零距离"的可见军营体验，在强化学生们树立艰苦奋斗、自强不息意识的同时，也在他们心中根植了一颗爱党、爱国、爱人民的种子，埋下了建设强国的美好梦想，学生高阶思维能力可见。

的确，学生成长过程是一种内隐的、动态的、个性化的自主建构过程，我们的教育方式方法并不是总是有效的。在几年的教育实践中，我班坚持将教与学的"可见学习"渗透到一点一滴的环境育人、文化育人和活动育人的全面育人实践中，充分挖掘"可见学习"的多维度资源，在以全面育人为本，以可见成长为标等方面进行了点滴有益的尝试。今后我们还会坚持以"可见学习"理论思想作为指导，从纵深方面继续深入探索实践。

参考文献：

约翰·哈蒂.可见的学习（教师版）［M］.金莺莲，洪超，裴新宁，译.北京：教育科学出版社，2015.

立足学生的健康成长，做看得见的德育工作

——探寻家校合作之路，搭建学生成长桥梁

谢浩荣

　　教育的核心是教育理念，教育理念是指导教育行为的思想观念和精神追求，以理念引领实践，用理念照亮行动，立足学生的健康成长，做看得见的德育工作，立德树人是教育的根本任务。近年来，我们水果湖一小高度重视教育事业，坚持把德育摆在优先发展的战略地位，将立德树人的理念放在首位，围绕"培养什么人，怎样培养人"这一主题，大力践行社会主义核心价值观教育，遵循教育规律和青少年成长规律，深化教育教学改革，推进教育现代化建设。

　　校园里，孩子们互相帮助，红扑扑的笑脸如太阳般美好灿烂，一声亲切的问候充满暖意；学校失物招领处、图书角、楼道、厕所、不起眼的角落等，一个个"小小监督员"有模有样，引导学生遵守校纪校规……这些都是水果湖一小新时代小学德育工作的最好体现。

　　在提倡素质教育的今天，家校合作正在成为人们日益关注的话题，重视家校合作是全面提高我们教育质量的关键环节。记得有位名人说过：一个工厂百分之一的废品就是百分之一，但一个孩子的成败却是一个家庭的百分之百。家校联系就像一条纽带，家校联系就像催化剂，潜移默化中，将孩子、家长、老师的心相连，让孩子、家长、老师的情感更加融合。可以说，学校教育是离不开家校联系和沟通的，只有家校联系顺利进行，学校教育才能有序开展，它们之间是相辅相成的关系。

　　在探寻家校合作之路时，我们也力求将工作做到实处，让家校共育助力学

生健康成长落到实处，为学生搭建起坚固的成长桥梁，让可见的德育指引着学生顺利前行。因此，我一直提倡"倡导家校合作，实现家校共育"，立足学生的健康成长，做看得见的家校工作。

家庭教育是教育体系的重要组成部分，与学校教育相互促进、相辅相成；学校教育是教育体系中具有规范性、制度性、系统性、科学性特征的教育形式，对家庭教育有着示范引领、指导促进作用。家庭教育的意义重大，学校指导家庭教育的责任重大。家校合力是联合各种教育资源，培养人才的重要举措。为了深入做好家庭教育工作，2010年2月26日，全国妇联、教育部等七部门首次联合发布《全国家庭教育指导大纲》，明确各年段家庭教育指导要点，指出家庭教育应遵循"儿童为本、家长主体、多项互动"三项原则，注重科学性、针对性和适用性，该大纲成为全国首个国家级家庭教育指导纲领。家校合作的重要性被提高到一个新的阶段。在此，跟同行们分享一下我的家校合作日常，都是看得见，且一直收获颇丰的实战操作。

一、家校合作的有效策略

（一）漂流日记，搭建家校桥梁

低年段时，孩子大都以自我为中心，因此极易产生矛盾，加上都是家里的宝，往往把在校发生的一点点小事夸大化向家长告状，家长看到自家宝贝委屈的模样更是心疼不已，于是就会和对方家长理论、争吵，这些现象都很正常，家长的心情可以理解。但久而久之就会影响和谐班级的构建。如果家长们多了解一点孩子们真实的学校生活，多了解一点老师是如何培养孩子们与人相处，多了解一点宽容他人就是宽容自己的育人理念，这些问题可能就都好解决了。于是，在二年级学生开始学习表达时，我会把全班分为几个小组，给每个小组赠送一本精美的日记本，要么命名为"漂流日记"，要么命名为"五彩日记"，每个小组每天一名同学记录学校所见所闻，并读给家长听，让家长对听到的事情简短写几句想说的话，第二天，我会批阅每个小组的漂流日记，并附上老师想说的话，这样传给下一位同学，下一位同学拿到本子后和家长一起先阅读前面同学的文字及家长想说的话，并简要写写观看后自己想说的话，再写自己想写的事情，依次轮换下去，达到生生、师生、家校互动。很快，学生在校的互相宽容，家长在家的正面引导，老师对学生、家长良好的为人处世的态度给予高度赞赏，几种情感交织在一起，一个团结互助、和谐向上的班级就构建成功了。有了家长的支持、包容和理解，良好的班风班貌就自然形成了，班级工作自然也能得心应手了。

（二）常规访谈，拉近家校距离

与家长及时沟通是我们的日常工作之一。面谈和家访是最直接、最方便，也是最常用的一种家校沟通方式。我们可以用这两种方式及时与家长沟通，交换意见，以达到同步教育的目的。家长们主动向老师反映学生在家中的表现，了解孩子在校的情况，和老师共同探讨教育方法。

随着现代社会生活节奏的加快，电话访谈更被频繁采用。孩子可以随时听到老师的声音，家长、老师也能及时地了解孩子的情况、相互探讨教育方法，不仅方便、及时，深受家长喜爱，也可以收到良好的效果。网上沟通也是一种新型的沟通方式。充分利用网络这一优势，及时把新的信息在班级群上公布给家长，如特殊的教学内容、班级动态、近期活动通知等，家长只要一打开手机或电脑，就可以了解到学校一日活动的方方面面。同时，家长对学校和班级工作的意见和建议，可直接通过QQ小窗口、手机短信、微信留言进行反馈与交流。这种网上沟通的方式快捷、便利、节省时间，其效果也是非常明显的。总之，访谈工作可以根据因人施教的原则，在观察的基础上进行不同形式的访谈，让教师更直观地了解孩子的性格、习惯及家庭教养氛围，拉近了家校间的距离，有助于良好家校合作关系的形成。

随着社会的不断发展，人们工作、生活节奏的加快，特别是独生子女家庭，学生通常由老人在家照顾生活，家长与老师直接接触的机会较少，对学校的要求也缺乏一定的了解。还有，家访工作很难面面俱到，易造成访谈深度、广度不够。因此，我无论带哪个班，都会使用方便、直观、易于操作的"家校联系本"，而且六年如一日，无论多忙，天天都会查阅"家校联系本"，力争做到当日事当日毕，当日问题当日解决。

（三）家校联系本，让家校联系更紧密

在"家校联系本"中，教师随时通过批注学生在校情况，与家长进行交流，家长每天也可以通过联系本反馈孩子在家的情况，以达到家校教育同步。其中有老师对学生的表扬与希望，以及对家长的具体要求与建议。小小的联系本就像一座桥梁，将学校教育和家庭教育紧密联系起来。内容大多为孩子在学

习上遇到的困难，行为、心理、态度上出现的偏差，近期家长最关心的话题等，联系本让教师能及时地帮助家长找到解决问题的途径与捷径，使家长的需要得到满足，教育少走弯路，提高了学校与家长科学育儿的水平，并在教育观念上达成了共识，对学生的培养和教育起到了促进作用。同时，老师密切了与家长的关系，赢得了家长的理解、支持，更好地发挥了家庭蕴藏的教育资源，使家长的参与意识、角色认识、教育观念、教育策略都发生了很大变化，真正实现了多角度、全方位、深层次的家校互动，提高了家校同步教育的有效性，共同促进了学生的发展，这也将成为我们提高教育质量的重要资源。其实，家校之间的沟通并没有那么复杂，亲人和老师对学生都是一样看待。只要怀揣同样的目标与期待，家校合作便是一项愉悦的工作！

二、家校合作的育人案例

源于《全国家庭教育指导大纲》的指导，我在工作中力求遵循"儿童为本、家长主体、多项互动"三项原则，时刻思考如何有科学性、针对性和适用性地协助家长解决孩子成长过程中遇到的种种问题，从而更好地促进学生的健康发展。到了小学高年段，学生的心理健康便提升到了德育工作的重要位置，此时，家校的合作、切实可行的引导便显得尤为重要。以下是我工作中的真实案例，我们家校协作，不久就看到了孩子喜人的转变。

（一）促膝谈心听花音

到了高年段，心理健康比知识渊博更重要。高年段的孩子处于青春期，很易出现情绪波动，而且还极易对老师和家长隐瞒。我班就出现了这样的案例。班上一特别优秀的班干部女生，不仅成绩好，而且长相漂亮，性格开朗，人缘还好。疫情稳定返校后，成绩一度下滑严重，我找她谈心，她说她也不知道为什么，就是提不起对学习的热情。隐约间我联想到了班上孩子有过议论，说这孩子喜欢班上的某个小男生，而且还在孩子们自己的网络小群里公然表白过。于是，我找了个空闲的时间，约了这个孩子在校园花坛边坐下。我首先询问她目前的班级管理是否遇到难处，有哪些是需要谢老师帮助解决的，她说没有。我清楚，自从她们家多了个小妹妹后，她才开始出现这种状况，那我就跟她聊聊妹妹吧。说到妹妹她就激动了，开始数落妹妹的各种麻烦，她说妹妹打乱了她所有的生活……说着说着眼泪就出来了。聊到这儿，我大致就知道是怎么回事了。下班时，我给孩子妈妈微信留言：陈老师，你晚上把家里事忙完了空下来时给我回个电话吧，想跟你交流一下孩子目前的状况。晚上九点四十左右，电话响起，我把孩子在学校的情况给家长介绍了，希望家长多关注孩子的心理，家长很愕然，觉得自己对孩子的爱并没有改变，有空就会陪她。殊不知，她还只是个孩子，家里妹妹的到来分享了她的一切，特别是父母的爱与关注度，现实让她很难接受。

（二）循序渐进育花苗

接下来的几天，家长每天也会抽空跟我反馈孩子在家的学习、生活和心情状况，说没发现什么异样。但更加令人揪心的事情发生了。无意中，我瞥见了孩子手上有好几道划痕，而且她发现我定睛看时，立刻将外套的袖子扯下盖住了双手。课间，我分别约见了她的几位好朋友，起先，孩子们都有顾虑，不敢说，在我的开导下，才透露了实情。原来，这孩子为了引起她喜欢的那个男生的关心和关注，时常故意用裁纸刀伤害自己。而且每次都要这个男孩安慰她，给她擦药才肯罢休。最严重的是她不允许任何人告诉老师，同学们看到她这个样子，也都不敢违背她的意愿。我趁她去室外上课的时机，从她笔袋里找到了同学们说的裁纸刀，只见其外形如笔一样，我不禁暗自感叹：难怪隐蔽得如此之深。我把它拍了下来。晚上拨通家长的电话，一番交流之后才知家长也和我一样，全然不知，吓得浑身发抖，第一反应就是要去找心理医生！我们赶紧商量对策。我建议，为了停止她再次伤害自己，首先要把裁纸刀拿走，而且不能强行拿走。于是，我在全班开展了一次旨在没收严禁带到学校的非指定用具的书包清查活动，请家长协助清查。这样，顺理成章地把她的裁纸刀收走了。第二天在学校，我一刻没让她停歇下来，只要下课我就把她请到办公室和我一起做事，和她聊天，聊什么叫真正的优秀，什么样的人最值得自己和别人欣赏，什么时候才会遇见更优秀的人，等等。这一天，我们聊得很好，看得出我的话语她很是受用，因此，我做出了大胆的判断，这个孩子不是人们传的那样，只是缺乏关注和关爱而已，这就好办了。于是，晚上我又拨通了她妈妈的电话，建议家长像以前一样在意她每天的学习，分享她生活中的点滴，带着她回顾小时候的自己，了解妹妹现阶段为什么比她更需要父母的照顾，引导她树立姐姐的榜样作用，让她觉得自己很重要，是家庭中不可或缺的一分子。一段时间之后，我们看到这个孩子找回了对生活、对学习的热情！

（三）家校携手闻花香

期末考试就要进行了。在临考的前几天，我带着她喜欢很久但没拥有的一条连衣裙去了她家，做了一次短暂的家访。在这次家访中，我看到孩子为了证明自己，非常专注地看书、做题，有不会的内容，及时地向家长打电话或者向老师、同学请教。看到孩子的变化，我们都是喜在心里，一致认为孩子期末一定能发挥出最好的状态来。成绩出来了，她所有学科都位居前列，而且语文拿下了全班第一的好成绩。我第一时间把孩子的好成绩通报给了家长。在听到了这个消息之后，家长表达了万分的感谢："谢老师，谢谢您！太开心啦！自己的努力没有白费，多谢谢老师一直以来的关爱与鼓励！太不容易了，她都喜极而泣了。"

我长舒一口气，同时也进行了深刻的反思。在很多人的眼里，学习成绩好，表现优秀，懂事乖巧，那就是一个好孩子。但我们往往忽略了他们作为孩子的共同属性，他们害怕被人遗忘，忽视、不看重。优生的心理问题同样需要我们家校的关注。现在的孩子集万千宠爱于一身，特别需要别人关注，如果稍微让他们有被疏忽的感觉，他们就会想出各种办法来赢得他人的关注，而不管方法恰当不恰当。因此，学校与家长达成共识，互相指导，是很有必要的。只有家校紧密联系，才能助力孩子健康成长！

家校共建，总的目的是使孩子健康成长，让孩子充分享受来自老师和家长的关怀，享受教育给孩子带来的欢乐。由于家庭的千差万别，家长对子女教育的目标、成才的观念各不相同，因此家长对子女的教育理念也大不相同，培养目标也不尽相同，而孩子的情况更是千差万别。所以学校教育必须在家庭教育的配合下，具体分析每个孩子的实际情况，正确引导孩子成才，让孩子健康成长，成为有用之人。由此可见，当两种教育进行了科学的联合后，"教育"不再是难题，"教育出优秀的孩子"也不再有困难，关键在于我们把家校协同教育做深、做广。作为教师，我们只有走入了孩子的家庭，才能把希望的种子播撒在孩子的内心。

落到实处的德育工作，是看得见的德育。"看得见"是一个形象的说法，我们主要是从德育的实效性上追求一个看得见的实效，把看不见的抽象的德育，化为具体可行的操作以及结果。譬如，打扫教室。打扫卫生本来是学校日常行为之一，但做细了，做精了，就是一种看得见的德育文化。我们把打扫上升为一门课程来抓。从打扫的时间、要求、标准，到打扫不同地方用的不同卫生工具，到卫生工具的摆放是悬挂还是横放，到垃圾箱每天一刷，粉笔盒放在课桌右上角……在这个过程中，培养了学生的个人素养，体现了"精彩源于细节"的德育功能。家校工作中的点点滴滴，也如同打扫教室一般，做细，做实了，对学生的健康成长有着不可估量的作用！

德育工作着眼于"小""细""实"，力求看得见，摸得着，做得到！新的《全国家庭教育指导大纲》，新的形势，促使学校家长工作的新要求也不断提高。因此，我们在工作中要本着"热心、诚心、爱心"的原则，积极开拓家长工作的新视角、新内涵，探寻家校合作之路，搭建学生成长桥梁，立足学生的健康成长，做看得见的德育。如此，我们的工作才能更科学、更有效、更上一个层次。

前行路上我来点灯

——与爱同行在《可见的学习》中

罗雅丽

有首歌这样唱道："星星点灯……让迷失的孩子找到来时的路，用一点光，温暖孩子……"作为教师的我，愿为学生点亮心灯，助孩子前行。对成绩极差的学生小A，我倾注无数心血，注重心与心的沟通、爱与爱的连接，多措并举，坚持帮扶，富有成效。

学生小A，父母离婚了，长期只有小A妈妈管孩子，家长教育方法不当，孩子成绩一塌糊涂。刚上四年级时，小A听写生词40个可以错30多个，作文三言两语，长期停留在约100字的水平。每天的作业要磨蹭到深更半夜，或者干脆做一点点敷衍老师，第二天顶着黑眼圈上学，课堂上无精打采，总是趴在桌上。考试经常不及格，学习于她而言，是件特别痛苦的事。

一、安抚家长，及时献计献策

爱就是教育，没有爱便没有教育。正如约翰·哈蒂在《可见的学习》一书中所说："满腔热忱的教师极其热爱自己的工作。他们永远在追求用更为有效的方式来影响他们的学生……他们有一种个人使命感……尽可能多地了解这个世界，了解他人，了解自己，也帮助他人这样做。"

网课期间，我就是这样全身心地帮助小A的。小A自制力差，上网课时不是喝水就是上厕所，或者偷偷玩手机或电脑。她妈妈特别爱说她训她，可是孩子学习却越发磨蹭，每天完成作业很困难，在家不停地闹别扭，动不动就哭泣。

我及时和她妈妈进行微信沟通，听她倾吐管教孩子的烦恼，吐露环境的不良影响等。孩子妈妈倾诉后估计心理负担减轻了，开始静听我的劝告。我劝导她科学规划孩子的学习生活，这样孩子才能在短时间内取得大的进步；不要一味训斥孩子，要多多鼓励，对孩子多进行正面暗示，看到孩子的优点和点滴进步。

小A家里学习气氛不浓，家长、孩子对学习没有规划和安排，脚踩西瓜皮——滑到哪儿是哪儿，随意散漫。针对这种情况，我对小A的学习生活做了合理的建议，要求她考虑学习、运动、娱乐等时间，上午上完网课就做一项作业，下午再完成另一项作业，再进行阅读和运动，适时地可以做一些喜欢的事，比画画、看电影等。以此来让孩子的生活动静结合，张弛有度。我还叮嘱家长，如果课程或作业方面有问题的话，可以随时联系我。隔几天我就和她妈妈进行沟通、联系，不断地献计献策，小A的学习生活不再打乱仗，孩子没有天天熬夜了，情绪也变得开朗乐观起来。

热爱学生的情怀使我希望能帮助小A进步、成长。

二、紧密跟进，帮扶见成效

《可见的学习》中，约翰·哈蒂提到，"教师对待学生和与学生互动的方式，尊重学生作为学习者和人的身份，表现出对学生的关心和奉献，等等，这些方面要让学生清楚地感知到"。尊重与爱学生，学生才会"亲其师，信其道"。

网课学习最重要的是自律自主。我要引导小A认识到自己的不足，学习改正自己的缺点追求进步。我和小A一家，开启了微信、QQ、电话等紧密的沟通模式，也和小A成了QQ好友。我经常给她"开小灶"，把备课PPT传给她，或提前把作业发给她，并不时询问她作业进展情况，肯定她，鼓励她。以期在她心中建立良好的向师性，激发她内在的上进心。

我总是第一时间对她提交的作业进行反馈，还在学写童诗时，不断表扬她童诗写得好。从此，小A不再颓废，一写完作业就迫不及待地发给我。由于基础实在太差，作业错误连篇。面对这种情况，我耐心地打电话沟通，一个个指出错处，再提醒、鼓励她改错，并表扬她字迹越来越工整。小A一眨眼就改完错误，速度比平时快多了。有些错误反反复复出现，我不厌其烦地更正，把作业讲解视频发给她学习。家长被我的耐心、负责感动了，认认真真督促孩子把改正后的作业给我批阅。渐渐地，小A基本上能按时完成作业，没有再拖到深更半夜，质量也强多了，对网课的学习也不再逃避，开始能跟上了。我始终保持着和她们进行交流与沟通，小A在微信里发语音说想罗老师了，从她轻快、兴奋的声音里，我感觉小A快乐、轻松多了。孩子学习的进步与心情的愉悦，我看在眼里，高兴在心里。师生"手拉手"，不断向前走，尊重与持续地关心，孩子才能不断进步。

三、紧扣弱项，手把手帮助

约翰·哈蒂认为，"我们必须把自己视为学生的积极变革者——大部分情况下，上学是他们的义务，尽管有时他们并不情愿，但大部分学生渴望接受学习的挑战。我的观点是，我们有所控制的因素当中，对学生成就影响最大的是教师的信念和奉献"。我坚信学生学习能力能得到发展，并持续不断地挖掘孩子的潜力。

（一）出谋划策为背诵

基础薄弱的小A特别怕背诵和作文。以前在学校上课时，一有时间我就把她喊到办公室，我背一句让她接一句，不断鼓励她，一段一段过关。网课期间师生只能线上见面，我在微信里为她出谋划策：①告诉她"好记性不如烂笔头"，教她练背时一边抄写一边记忆，诗歌背会了一节再背另外一节；②指导她背诵时边读边想象画面，按课文记叙的顺序背；③要是长时间背不下来，可以自己朗读课文录下来，一有时间就听一听、记一记；④还可以利用一天中记忆力最好的早晨时段多读多背；等等。同时，让小A妈妈保持冷静，多对孩子微笑，鼓励她，肯定她。小A经过无数次尝试，在我的指导下顺利录下背诵视频。终于背会课文，她特别开心，小A妈妈发的微信语音充满着激动与感谢。

爱心收获爱意，奉献收获喜悦。看到小A的进步，我由衷地欣喜。

（二）循循善诱促作文

小A平时的100字作文内容短、空、差，回想起来，最后的成篇大部分都是我抽时间手把手、面对面辅导她修改成的。网课期间，孩子作文半天不能动笔，又不听家长的指教，眼看就要深夜了，家长急得像热锅上的蚂蚁，焦躁不已，情急之下请我出面帮帮她。我让她妈妈录下我们之间的对话。通过微信语音我和小A聊开了："我们好长时间没有见面，能说说你现在的样子和以前有什么不一样吗？"小A话匣子打开了，开始说个不停。

我引导她说了自己的外貌特征，问她："这可不可以作为《我的自画像》作文的开头？"小A兴奋地说："可以啊！"

"那你平时爱好干什么呀？比如看书、做手工、画画等？"小A马上抢着回答喜欢画画。

"那你画的是什么？怎么画的？中间遇到困难了吗？你是怎么坚持画完的？"我慢慢追问，小A滔滔不绝向我分享她画画的事儿。

我有意问她："你刚才讲的画画这件事能不能写进作文里？""能，当然能！"她肯定地回答。

"你觉得自己是个怎样的人？性格怎么样？"我继续循循善诱。她小声地嘀咕："我觉得自己爱帮助人。"

我接着引导："你具体说说帮助别人的事。"小家伙又开始了"口若悬河"。

"妈妈说我的性格大大咧咧的，迷糊得很。"小A在通话中不好意思地笑了。

"哪件事表明你是个小马虎呢？把它也写进作文好不好？""好的！"她答应得真爽快。

"你今天分享得非常好！这就是你的自画像。你妈妈已经全部录音了，写作文时你就一边听录音一边回忆，把作文写出来。你能做到吗？"

"我能做到！谢谢老师！"小A兴奋地大声保证。大概她也没想到作文原来没有想象中的困难——这样说一说就可以写出作文来。

她甜甜的声音让我舒了口气，我与她通话将近一个小时了。后来，我读到了她用"讯飞语记"软件记录的作文，谋篇布局不错，几件事情表达得清楚、具体。我把它作为"进步大作"分享到班级群，同学们纷纷给她点赞，小A高兴极了。我倾注心血的爱使小A心花绽放！

此外，每当练写小片段时，我就把学生中好的作业及时发给她，让她模仿着写，或者模仿课文写。有时叮嘱她：人物的动作、语言、神态等是否写进去了；试着写一句比喻句，或发挥想象描写当时的情景……并适时提醒家长，多多肯定她写的内容，尊重她，鼓励她，耐心点拨点拨，小A一定能顺利完成作文。家长深受感动，表示赞同。

爱心如春雨，有雨，学生才能润泽根茎，愈长愈壮。

四、多管齐下，"舌灿莲花"促进步

约翰·哈蒂说过，"充满热忱的教学不仅要表现出热情，而且还要以一种原则性的、价值导向的、智慧的方式实施这种热情。所有教师都对自己的学科充满热忱，对自己的学生充满热忱，并对自己的身份有一种富于热忱的信念，坚信教师在教学时和教学后的数天、数周、数月，甚至是数年后能够改变学生的生活"。

对学生充满热忱的教师，工作中处处充满智慧，执着于教育信念，力求改变学生不良行为。小A平时成绩差，与她生活、学习中一些坏习惯分不开。三年级时书包里还是"包罗万象"，上课找学习用品花费很长时间，为找她的试卷和作业，我上课停下来等她，或和她一起找寻，有时下课带着她一点一点地收拾、清理书包。小姑娘有点儿不好意思，几次下来，开始学着整理书包，四年级上课时不再为找东西发愁了。小A上课爱分心玩小东西，我就悄悄走到她那，敲敲桌子，或者盯着她看，她若还是不改我就轻轻把她手里玩的东西拿走，继续上课。此时无声胜有声，小A看到我严肃的面容赶紧低下头看书。维护孩子自尊，教育亦需"润物细无声"。

对待有些坏习惯的她，我不仅耐心引导、巧妙教育，而且把鼓励的话语挂嘴边，帮助她树立自信心，克服自卑，发扬进取心。在不断帮扶中，孩子越来越信赖我，对我的教导心悦诚服，进步的步伐越迈越大。

看到小A上课分心，有时我会故意看着全班，悄悄瞥一眼她，说："老师一看她，她就把玩的东西收起来了，知错马上改。""她准备拿笔做笔记啦，进步可真大！"以此来让小A及时悔悟、警醒，改正自己的缺点。

对性格文静、不爱表现的她，我总是说："你越来越大方了！"或"你读书的声音真好听，我希望每一次都能够听到。""要不这次表演个节目？老师有礼物送给你哦……"我不吝褒扬，让孩子感受到我对她的重视和喜欢。"良言一句三冬暖"，充满善意和爱心的话语鼓励，会使孩子更加健康地发展。在我的鼓舞、帮扶下，元旦庆祝会上小A表演了说相声；听写不再满页红圈；考试开始及格了……班级在网上庆祝端午，她为大家献上自己做的手工粽子，还热情祝福了全体师生。

我的真心付出，得到了小A的理解、尊重和爱戴。在教育工作中，我也尝

到了幸福和爱的美好滋味。在"可见学习"中星星点灯，用我有限的光和热，温暖孩子的心，点亮孩子们前行的路。

参考文献：

约翰·哈蒂.可见的学习（教师版）[M].金莺莲，洪超，裴新宁，译.北京：教育科学出版社，2015.

在"可见学习"中让德育真正落地

郑三雄

德育教育，只有深入学生的心灵，才能将德转化为言行，将德育付诸实践。班主任作为学生德育工作的主要承担者，科学组织开展好德育教育，协调好与学生的关系，多方面开展德育教育活动，才能让孩子向着正能量成长。本文主要探讨"可见学习"视角下班主任开展德育教育的几点对策。

一、教育的"答案"——"可见学习"

（一）认识教师的"影响力"

"可见学习"理论认为，学生学习的差异性源于教师，其次是因为课程与教学的影响，提出教师必须清楚了解自己对学生成长与发展的影响力，在日常教育管理中充分发挥指导作用，评估与思考自己的教育方式、教育理念等可能给学生带来的影响，从而对教育方式予以优化和改进。在这一过程中教师的教育水平也能够得以显著提升。

（二）"可见的教—可见的学"

"可见学习"理论提出，教师在教育过程中必须思考学生怎样接受和理解知识，了解学生如何构建知识概念，基于学生的角度着手来制订教育计划。另外，也应当通过实践的学习来让学生亲身经历知识的形成过程。对于德育教育而言，班主任要借助于实际的做法来引导和树立学生正确的三观，而非是单纯依靠说教形式进行教育。

二、"可见学习"下的德育教育

（一）营造良好氛围

班主任应当协调好自己和学生的关系，避免以命令式的口吻来要求学生，要将自己当成学生的朋友，与他们建立良好的师生关系。在实践中班主任需要将自己放在和学生平等的位置上，主动与他们沟通交流。当自己在教育管理中出现错误后要及时纠正，主动向学生致以歉意，这样才能够真正拉近自己和学生的距离，消除学生对教师的恐惧感，以便于德育教育活动的开展。班主任创设了公平和谐的班级氛围，比如说在班干部选拔时将选举权完全下放给学生，让他们选出自己心中的班干部，这样才能够确保班级管理工作的有效开展。

（二）召开主题班会

主题班会是班主任实施德育教育的重要阵地，因为主题班会往往集知识性、思想性以及趣味性于一体，不仅能够有效吸引学生的兴趣，还能够发挥出寓教于乐的目的，有效陶冶学生的情操。在这一过程中，班主任必须提前进行策划和设计，合理选择班会主题，注重渗透德育思想。在对主题班会内容进行设计的过程中可以在互联网中搜集下载相关资料信息，不但要重视内容的丰富性，还需要更加贴合小学生的实际，力求通过不同形式的班会活动来促进小学生思想道德素质的提升。比如组织进行"保护我们的地球"这一主题班会，提前在网络上下载了一些自然生态环境被破坏和污染的视频，让学生真正了解当前地球受到的破坏，激发他们的危机感，意识到人类的很多行为都会对生态环境带来影响，之后再通过全班讨论和辩论活动来活跃气氛，进一步激发学生的环保意识，让其能够主动树立人与自然和谐发展的理念，让其主动参与各种环保活动。

（三）德育实践活动

德育教育并非理论性的说教，要求班主任从"可见学习"角度出发，组织开展多元化的实践活动，在实践活动中渗透德育教育，充分调动学生的参与积极性，促进其良好道德品质的形成与发展。比如能够按照节日的具体类型来组织进行相应的主题活动，在国庆节时班主任能够组织我爱祖国的演讲比赛，劳动节时可以组织学生对教室进行一次大扫除，同时还应当鼓励学生积极参与社会实践活动，如假期时号召学生学雷锋做好事，以小组为单位进行活动记录，形成活动报告，或者开展社区节约用水调查活动，组织学生到附近的敬老院看望老人，等等。让学生在这些实践活动过程中形成正确的价值观，促进其良好品质的培养。

三、结语

基于"可见学习"理论下，班主任教师必须灵活应用每次"可见的"德育活动，促进学生道德素质的培养与提升，同时教师也应当认真反思总结自己每一次的教育过程，观察教学得失，优化教育方法，促进德育教育实效性的提升。

学党史立责信，红领巾跟党走

——基于"可见学习"理论下的小学生党史学习渗透

谭沅

一、"可见"的教学目标——对学生党史学习的现状分析

当我在对五年级的孩子进行党史教育之前，有一个问题始终围绕着我：如何让学习可见？首先是要了解学生现在的状态。学生进行美好安定的生活给现在的学生们提供了幸福舒适的生活环境，那么对于过去老一辈革命者顽强拼搏的奋斗史，青少年是否能够铭记于心呢？我从对了解党史内容、对学习党史意义的认知以及学习党史途径等内容对五（5）班共48个调查对象进行了访谈、问卷等方法的调研。具体调研情况如下。

（一）对党史的简单了解

调查结果呈现，70%学生对于党史国史缺乏基本了解，对党的历史和革命先辈极其陌生，更对红色文化缺少感情。面对随机提问的有关党史的问题难以回答出来，很多学生也不了解李大钊、瞿秋白、陈独秀等革命先烈，甚至有些学生表示，这些名字从来没有听说过。

（二）对党史学习意义的认知

对于"学习党史很有必要，对于培养自己坚强意识和学习有帮助"表示赞同的有 31 人（65%），显示出学生对学习党史的重大意义和必要性认识程度较高。

在被问及是否赞同"学习党史有助于增强爱家乡、爱祖国热情和使命感"

时，表示"赞同"的学生有43人，占89.7%；"不赞同"的学生有1人，占2%；"说不清楚"的学生有4人，占8.3%。反映出大部分学生赞同党史学习对于增强爱家乡、爱祖国的意识具有积极作用。

（三）党史学习的途径与方式

表2-1数据是调查学生"主要通过什么途径接触、学习党史"的结果。由此可见，学校开设的课程和丰富实践活动仍然是学生接受党史教育、学习党史的重要渠道和阵地。另外，党史类影视剧由于具有生动性、具象性、故事性等特点，也能够吸引小学生的关注和兴趣，因而有41.6%的学生通过观看影视作品来学习党史。调查时，还有学生反映，时常观看爸爸妈妈手机学习强国App里的党史动画片和电影来学习党史。由此可见，网络媒体、影视作品对学生学党史的影响越来越大，为我们党史的教育渠道提供了有力的参考价值。

表2-1

参观爱国主义教育基地	电影、电视剧等影视作品	道法课、班队会课	学校开展各类实践活动	阅读的相关书籍	与人交流、请教长辈
17人	20人	36人	31人	12人	5人
35.4%	41.6%	75%	64.6%	25%	10.4%

二、"可见"的教学方法——"学党史 立责信"实施策略

让学生明白我要到哪儿去，如何来调节和控制自己。这就是约翰·哈蒂所说的，"让学生用老师的视角来看待自己的学习"，有了这样的视角，他就会发现问题，并做出积极主动的调整。

党史内容十分丰富，小学生年龄小，知识储备少，认知水平处于初级阶段，记忆、理解、领悟能力不强，系统学习能力差。因此小学生党史学习教育要结合学生的年龄特征和认知水平来开展。我在组织学生开展党史学习教育时，尽可能地采用学生喜闻乐见、广泛参与的方式进行。

（一）以红色故事为载体，树立榜样、明确责任

小学生认知发展水平尚处在较低的阶段，概念思维尚未形成，对事物的认知主要以具体形象思维的形式为主，普遍对听故事感兴趣。

学习强国App是一个强大又免费的故事素材库。我们在其中选取了"榜样——双百英雄人物故事"系列动画片作为每周五党史主题班队会观看内容。

这部每集10分钟的动画片通俗易懂、故事情节跌宕起伏，人物形象鲜活，分别讲述了杨开慧、李大钊、杨靖宇、周文雍等党员为抗击日本侵略者、为新中国成立抛头颅、洒热血，不畏牺牲的故事。学生们通过看英雄的故事增强了对党的情感。

除了看英雄人物故事动画片，我还带孩子们去拜访身边的党员英雄模范人物，一起倾听他们的故事，回顾难忘的建校历程，重温峥嵘的中国共产党奋斗史……

无论是已远去先烈的故事，还是身边和社会上党员英雄的故事，都深深震撼着学生们的心灵，让他们看到党是怎样领导人民一步步走向胜利、铸就辉煌；更激励学生向英雄学习，从身边小事做起，从我做起，不忘继承发扬革命先烈们的优良传统，担起社会责任感，做一名合格的少先队员。

（二）以实践活动为手段，激发热情、承担责任

丰富多彩的校内外实践活动是学生在繁忙的学习中不可缺少的精彩篇章，还能够激发学生们的求知欲和责任心，培养他们的自理能力、团队意识、创新意识和实践能力，使他们真正做到在"玩中学、做中学"，更好地体验生活和学习党史。

1. 开展志愿活动，树立"为民服务"意识

回顾百年党史，我们党为人民而生、因人民而兴，战争年代为人民打天下，执政之后为人民治国家。在我的带领下，五（5）班的少先队员们用实际行动践行着入队的誓言，他们从小事做起，从身边做起。有的来到军营向武警战士学叠"豆腐块"，向守卫祖国的战士们致敬；有的向党员前辈们学习革命历史，为他们送上最真挚的祝福；有的将自己对新时代的讴歌变成精美的手抄报，有模有样；有的为建党100周年写下心中的感悟感想，文采飞扬。这些活动强化了学生的责任担当意识，引导学生通过社会观察和实践体验，开阔了视野、坚定了理想。

2. 统筹个人特长，礼赞建党一百周年

习近平总书记强调指出："要鼓励创作党史题材的文艺作品特别是影视作品，抓好青少年学习教育，让红色基因、革命薪火代代传承。"因此在我和全班同学的共同安排下，立足班级特色，在发扬继承传统文化的基础上，在建党百年之际呈现一席文化盛宴。

同学们纷纷为祖国献上一幅画、一首诗，唱一首歌，抒一段情，做到心有榜样，学习英雄人物、先进人物、美好事物。我利用网络平台带领队员们在全国少工委的微信公众号中积极学习少先队员"寒假10课"，坚持立德树人，把培育和践行社会主义核心价值观贯穿在党史学习教育之中，帮助少先队员明德修身，扣好人生第一粒扣子；鼓励少先队员们在家帮爸爸妈妈分担力所能及的家务，教育引导少先队员从小做起，从自己做起、从身边做起、从小事做起，一点一滴积累，养成好思想、好品德。

（三）以任务驱动为方法，储备知识、践行责信

教育应在遵循学生的认知能力和思维水平的同时注重趣味性和创新性，让学生在特定任务的驱动下收集查找党史相关资料，并通过师生之间和学生之间信息的交流与反馈使其丰富。

在"少年学党史"主题队会中，全校师生"坐"上一条由嘉兴南湖始发的小红船，亲历了中国共产党100年来的发展史。同学们根据队会中的小视频《跟着小红船学党史》，或制作百年党史介绍导图，或查找感兴趣的重大党史历史事件讲给家庭成员听，争当"党史风采小讲师"，或学唱红歌……

（四）以争章活动为辅助，营造氛围，激发责任

班级里的每一堵墙，每一株花木都会"说话"，它们能营造出一种能够产生教育作用的氛围，发挥教育的作用。因此我把班级的所有宣传空间建成了学习党的历史、弘扬红色旋律的阵地，让学生们在自我教育中成长。我们在醒目的位置张贴或书写"党史国史教育活动"的宣传画、警示语、口号等，加强了"党史国史教育活动"环境建设。

在日常管理中，我把学党史与推行文明礼仪教育结合起来，加强学校文化建设管理；把学党史与争章活动结合起来，不断提高学生德育素质。少先队员收集的一个个徽章，如同一个个小火苗，点亮了学生为班级增光添彩的动力。

三、"可见"的效果

约翰·哈蒂在书中提到，形成性反馈是最能影响学生学业成就的因素之一。习近平总书记说，"历史是最好的教科书"，"中国革命历史是最好的营养剂"。学习党史，给责信德育注入了新的活力，给学生的行规教育带来了无穷无尽的教育素材，呈现出明显的育人效果：通过学习党史，学生了解到了党的光荣历史，知道历史和人民是怎样选择了中国共产党、选择了社会主义道路；通过学习党史，学生感受到了党的丰功伟绩，学习了党的光荣传统和优良作风；通过学习党史，学生加深了对党的情感和对祖国的热爱。

现代社会不断发展，随着人民生活水平的提高，以往的艰苦生活已渐渐成为过去。学生通过学习党史，能感受到党在领导中国人民进行奋斗时的艰辛，从而树立起正确的人生观、价值观，保持艰苦奋斗的精神。学生把党史学习的内容，转化为内在精神动力与学习动力，激励自己，不断前行！

可见的转变

——教育小W同学案例分析

叶建朋

【案例说明】

前年暑假，学校给每位老师发了一本书——《可见的学习》。我认真地阅读了这本书。通过学习，我了解了书中的"可见"指学生的学对教师可见，确保教师能够明确辨析出对学生学习产生显著作用的因素，也确保学校中的所有人（学生、教师和学校领导）都能够清晰地知道他们对学校学习的影响。"学习"是指我们如何去获知和理解学生的学习，然后为学生的学习做些事情。了解到这些，我不禁想到了学生的教育是不是同学习一样可见呢？是不是可以触类旁通呢？是不是可以运用书中的理论来解决教育学生过程中遇到的问题呢？我尝试运用有关"可见学习"的一些理论知识来教育有问题的学生，竟取得了不错的效果。

【案例背景】

今天是开学报到的日子，也是我和新同学见面的第一天。这学期，我接了一个新班——三年级四班。学校让我接这个班时，我多多少少还是了解了一些情况：班级情况一团糟，班上还有一个让人很头疼的女生，两年里换了4个班主任。学校聘请一位老师专门担任这个班的班主任，可只干了3天，这位老师就受不了，强烈要求学校把那个头疼的女生——小W同学转到别的班。学校没有同意，那位代课班主任就主动辞职了。班级问题很多，但最主要的问题在于小W同学。"牵一发而动全身"，管好她，班级就会有希望。可是如何管好她呢？

【案例描述】

今天是第一天给孩子们上语文课。考虑到这个班的特殊情况，我做了十二分的准备，本以为一切顺利，可千算万算，万万没有想到，这节课上得提心吊胆、险象环生。而这一切都源自一个叫小W同学的女生，让我们首先来了解这位女生。

一份可见的档案

姓名：小W同学

性别：女

年龄：10岁

特点：语言行为无法自主控制。

病因：出生时有对染色体异常。

可见的具体表现：当时，我正在黑板上认真地板书，写完刚一转身，一个女学生竟手拿一枝塑料玫瑰花站在我身边笑嘻嘻地看着我！我赶紧牵着她到座位上坐好，同时调整好心情继续上课。同学们正认真地读着课文，"快来看我的臭脚丫呀！"一句嘻嘻哈哈的大叫声把全班吓了一跳，只见坐在最后一排的那个女生脱了鞋袜，把一双脚放在自己的课桌上，叫嚷着让大家参观。一看，又是她——小W同学，刚才送花的那个女生。我快速走到她跟前，严厉地说："把脚放下来。"本以为她会配合，没料到她竟捂着耳朵大声尖叫。好不容易等到她消停了，我才回到讲台上可没想到刚在黑板上写了几个字，转头一看人不见了。她怎么好好地就跑出去了？跑哪里去了？出了事可怎么办？我赶紧叫两个学生去找……一节课下来，心中始终有根弦紧绷着，更让我忐忑不安的是，谁都不知道小W同学上课时会做些什么出格的举动。教书十几年来，我第一次被一个学生吓到了！

接下来几天，小W同学一系列出人意料的行动陆续上演，不断挑战我的心理承受能力。

"老师，小W同学从教室跑出去了。"

"老师，小W同学又不见了。"

"老师，小W同学不知为何在教室里像疯了一样大喊大叫，好可怕呀！"

周一全校升旗，小W同学不知怎的突然冲向升旗台，竟然当着全校师生跳起舞来。全校师生目瞪口呆，一个个都傻了眼。

……

小W同学身上发生的事一件接一件，每天听到的都是"小W……"我感觉自己到了崩溃的边缘。我好几次想对小W同学大声质询："你为什么要这样？"终究还是忍住了。发火能解决问题吗？我逼着自己慢慢冷静下来。

【案例分析可见】

（一）全面了解情况，明确原因可见

一下课，我就联系了小W同学的家长。下午，她的爸爸妈妈应邀来到学校与我面谈。一说到小W同学，她的妈妈不禁泪流满面。原来，小W同学得了梅尼埃综合征，典型表现就是想到什么就会去做什么，不能恰当控制自己的言行。她父母带她到北京、上海去治疗，医生都说没有办法。听到这，我沉默了，也能理解小W同学上课时各种出格的言行。现在想起来，特别是自己有了孩子后，更是感同身受。有小W同学这样一个孩子，注定她的父母要为她吃更多的苦、流更多的泪！可怜天下父母心。想到这，我安慰了一下她的父母，表示愿意尽自己最大的努力教育好小W同学。后来，我又找同学们、找教小W同学的老师全面了解情况。通过了解，我知道了小W同学的问题主要是因为她的疾病造成的。此外，我还知道了小W同学很喜欢写作文，作文写得特别好。

（二）主动接触学生，精准突破可见

我时常主动找机会与小W同学交流，谈论她的兴趣和爱好；每次看到她时，投以友善的微笑，逐步温暖她的心灵；当学生表现良好、行为得当或学习进步时，充分地予以肯定和表扬……久而久之，我觉得小W同学愿意主动跟我交流了，也更重视我对她的评价了。有回改小W同学的作业，她的作业令我震惊！整篇写话条理清楚、叙述生动、文笔流畅，远超班级其他同学的水平，我真不相信这是她自己写的。与小W同学妈妈电话沟通，确定文章的确是她自己写的。我在上课的时候读了小W同学的文章，也好好地表扬了她。她高兴得有点手舞足蹈了，在教室上课时一次也没有跑出去，这真是第一次。我挺高兴的，感觉似乎找到了改变的突破口。今天不错，明天呢？真希望明天她也能好好表现。

（三）坚定教育信念，思想转变可见

然而好景不长，第二天小W同学又在上课期间跑出教室。我有点儿生气，真是太难管了！我都有点儿想放弃了，静下心来，深思了很久。我们常说"爱生如子"，可怎么总是做不到呢？是呀，如果小W同学是自己的孩子，我会生气吗？会嫌弃吗？会不管吗？我在心中暗暗地问自己。我不禁想到了哲学家罗兰说过的一段话："每人心中都应有两盏灯，一盏是希望的灯；一盏是勇气的灯。有了这两盏灯，我们就不怕海上的黑暗和风涛的险恶了。"此时，我觉得自己和小W同学就需要这两盏灯，小W同学需要的是希望的灯，我需要的是勇气的灯。一定啃下这块"硬骨头"！唉！看来，这是一场"持久战"呀！我不信自己教不好小W同学！我暗自下定决心，一定要帮助她转变。为此，我改变了教育策略，哪怕每天只转变一点点，日有所长，也能转变一些。

（四）灵动创新出击，持续转变可见

我在班级专门成立了"我来帮助她"行动小组。每周安排4人坐在小W同学的前后左右，全班轮流帮助她。只要发现她要出教室，坐在她周围的同学就把她带回来。如果她吵闹，就直接把她送到我的办公室，以免影响其他同学上课。我在办公室专门安排了一套桌椅，专门为她准备了一个杯子，专门买了一些她喜欢看的书籍。每次让她在办公室画画、看书，什么时候想回教室上课，我就把她送到教室。一个星期下来，效果还是不错的。为了让小W同学在教室上课不跑出去，我对自己上课提出了"节节精彩、课课生动"的新要求，要求自己认真上好每一节课，用生动幽默的讲课吸引她，让她不往外跑，不闹课堂。为此，我绞尽脑汁，每节课都想新花样、新点子。做实验、讲故事、表演课本剧、开展辩论、尝试语文小研究、在校园踏青，领孩子们在操场做他们喜欢的游戏……真的是每天都不重样，让全班孩子们"人人有奋斗的目标，天天有付出的行动，时时有成功的喜悦"。一天、一周、一月、一年……我们始终都在坚持！小W同学在坚持着！我在坚持着！变了、真的转变了！小W同学一点点在改变，跑出教室的次数越来越少，上课出格的举动越来越少、任课老师对她的投诉越来越少，真的是越来越棒！

【案例反思可见】

（一）精准分析问题原因，抓住突破契机可见

《可见的学习》中指出：教师需要知道他们班级中每一名学生的所思所

知，能够依据对于学生的了解来构建意义和意义丰富的经验。问题学生之所以有问题，是因为受到社会、网络、家庭、学校等方面的不良因素及自身存在的因素的影响，从而在思想、认识、心理、行为、学习等方面偏离常态。主要表现在学习、行为、心理方面。对于这类学生，教师一定要了解其所有情况，对他们知根知底，并在此基础上准确分析问题原因，精准找到解决问题的突破口。上帝给人关了一扇门的同时，一定会打开一扇窗。教师要有一双善于找到孩子闪光点的慧眼，并以此为突破口，尽可能去赞扬学生。"问题学生"往往在学校生活中有过频繁的挫折和失败经历，所以特别需要得到教师或同学的肯定和赞扬，哪怕是肩头的轻轻一拍，甚至一个微笑。教师要给这些学生以更多的关注，一旦他们有好的表现，就要抓住契机，给予充分的肯定和真诚的赞赏，从而促进其转变。

（二）教育有爱绝不放弃，关爱融入学生可见

现任澳大利亚墨尔本大学教育研究所主任的约翰·哈蒂教授及其团队使用元分析的方法整理了自20世纪70年代以来关于教育研究的主要成果，发现在学校教育所有可控的变量中，教师是造成教育结果最大差异的因素。因此，教师要看得见自己对学生所产生的重要影响。教师对"问题学生"容易因为学生问题的反复出现而产生放弃的心理，导致所做的教育工作都功亏一篑。教师要牢记爱是情感永恒的"催化剂"，也是学生转变的永恒良方。对待"问题学生"，教师的一切行动都要根植于尊重，要细心地观察学生，多些关爱激励，多激发内因，多给他们表现自我的机会，让他们觉得被了解、被关注、被尊重，这样转变工作才能取得事半功倍的效果。教师要主动多关注他们，与他们多交流、多互动，下课与他们做做游戏、说说闲话等，用自己的生活阅历，打开孩子的心结来帮助他们解决烦恼和困惑，拉近师生心灵之间的距离，以便形成情感激励效应。教师要利用正确的舆论导向善待"问题学生"，鼓励其他学生多与他们接触，接纳他们融入集体，建立和谐的学生群体关系。转化"问题学生"是一个长期而艰辛的过程，最忌急躁、粗暴、冷漠甚至厌弃，要注意抓反复，反复抓，绝不能放弃。坚持下去，一定会有收获。

（三）积极帮扶正确引导，科学促进转变可见

"可见学习"有一个很重要的观点：学校领导者和教师需要在学校、办公室和班级创造这样的环境：错误是受欢迎的，因为它是学习的机会；抛弃不正

确的知识和理解是受鼓励的。因此，教师要正确地面对学生出现的问题并科学运用行为疗法矫正学生的问题。行为主义心理学认为人的行为是后天习得的，既然好的行为可以通过学习而获得，不良行为也可以通过学习训练而消除。教师可运用奖励等正强化法形成学生的良好行为，运用消退或惩罚去除学生的不正常或不良行为。发现"问题学生"积极、正面的行为时，教师要予以某种奖赏，以促进这种行为的出现频率增加。教师要把学生不良行为的主要表现确定下来，通过观察、检查、记录学生不良行为的严重程度与出现频率，确立需要矫治的目标行为，然后选择矫治的策略。要更多地站在家长的角度，多了解他们教育孩子的不易，更多地把学生当成自己的孩子，对他们有更多的耐心与爱心。

在教育小W同学的过程中，我深刻发现：与"可见学习"类似，学生的教育同样可见，而且是全程可见。学生的信息查询可见、学生的表现观察可见、学生的问题分析可见、教育学生的措施可见、学生的转变可见……教师对学生的教育真的是全程可见，因此，教师对学生的教育全程可见可控，能随时根据情况改变教育策略、调整教育措施，努力做到学生能够主动进行自我教育，从而达到最佳教育效果。就这样，从三年级一直把孩子们送到毕业，在这四年，在1460个日夜，我和孩子们一起欢笑、一起流泪、有疲惫、有欣慰、有彷徨、有激情……这期间，这个班被评为武昌区先进班集体，有一个同学考入武汉外校；这四年，孩子们在不断地成长，我也在不断地成熟；这四年，不仅改变了孩子们，也改变了我！以前的我教育学生时性子急躁，现在更多的是把他们当成自己的孩子，对他们有了更多的耐心与包容，更愿意蹲着身子倾听孩子们的心声；以前处理班级工作时粗枝大叶，现在考虑问题时要求自己更加细致周到，时刻提醒自己防患于未然；以前面对家长时心高气傲，不愿与他们多说些什么，现在面对他们多了些温和从容，有问题能与家长们共同面对、协力解决……这些年，在"可见学习"理论指引下，在教育学生的可见道路上，我和学生一直在努力！一直在前进！一直在发展！

小学音乐教学实践中可见的德育教育实例

曾莉

从一个稚嫩的大学毕业生到积累了一定教学经验的一线教师，我走过了近二十个春秋。我越来越意识到音乐课堂中对学生进行德育教育的重要性，原来的音乐课堂中，我铆足了劲儿，想尽了办法，结果却并不理想。曾经有段时间，在课堂中，我找不到自己准确的定位而很苦恼，后来，我通过反思、改变教法等措施，对音乐教学慢慢有了清晰的认识，我意识到：学生们是一个个有思想的个体，他们很期待老师对自己肯定的评价，也希望老师能理解他们的真实想法，更希望与老师交朋友……而孩子们的这些期待恰好是对老师工作的考验，它考验的是老师的爱心、耐心和是否用心，老师如能将这些"工作"运用到自己的教学实践中，那么，"教学相长"就能真正落到实处，师生情感也会有所提升，我们需要做哪些"工作"呢？换言之，我们做哪些"工作"才能达到教学的理想状态呢？在教学实践中对学生进行正确的德育培养就显得尤为重要了。

在我的教学实践中发生了太多有趣的、生动的、感动的事情。在我的引导和教育下，一批批的"小鸟"展翅飞翔，他们在老师、同学和家长面前展现出积极向上的姿态，他们灿烂和自信的微笑是对我工作最大的肯定。我的音乐课堂中德育教育随处可见，学生得到了正向的引导，我的课堂也充满了生机。

那么，什么是德育教育呢？它是指教育者按照一定社会或阶级的要求，有目的、有计划、有组织地对受教育者施加系统的影响，把一定的社会思想和道德转化为个体的思想意识和道德品质的教育。由此看来，德育是教育的一个不可或缺且非常重要的组成部分。中小学的德育原则主要有五个方面，即道德认知与道德实践并重；严格要求与尊重信任相结合；统一要求与个性发展相结合；集体教育与个别教育并举；学校教育和社会影响相统一。有了这些正确的方针政策，作为一线教师，我们就可以在教学中有的放矢，从而对学生进行因材施教。

接下来，我将自己在音乐课堂中积累和运用的部分德育案例与大家进行分享交流。

一、巧妙的评价是课堂教学中一道亮丽的风景线

课堂中，学生除了与老师的互动之外，大多数时候都需要端正地坐在座位上进行学习，而音乐课与文化课最大的不同就是需要学生"动"起来，比方说，学生要边画节拍图示边唱谱，边听音乐边用肢体语言进行表演，边听音乐边用课堂乐器进行伴奏等，音乐课堂互动的极限莫过于有的学生唱歌，同时，其他的学生进行伴奏或者舞蹈。而考验我们的是在这看似错综复杂的教学氛围中，需要看清"形式"，有张有弛地控场，既让学生学得开心，又让课堂秩序井然有序，我们需要运用"巧妙"的语言对学生进行合理而不是死板的评价，这个方法是建立在教师较强的观察力和应变力之上的，所以，一线教师要重视平时的常规课堂氛围，营造良好的课堂环境，还课堂于学生，让他们成为真正的"课堂主角"。

这个学期，我接手了三年级其他两个班的音乐课，开学前，我对他们的情况做了基本了解，这两个班最大的问题就是课堂学习气氛不浓，学生的注意力散，甚至因为这个原因，导致原来的老师"不敢"让学生到专业教室上课，因此，我需要有足够的心理准备。我给自己设定了一个目标：计划在半个月乃至一个月的时间里调整他们的学习习惯，让他们主动接受"美妙"的音乐课堂。

记得开学近一个月了，某班的情况还是没有得到很大改善，他们的学习进度也严重滞后。我对照班级点名册，让他们进行简要自我介绍，且有一个硬性要求：必须用一句话介绍自己在音乐方面的特长，有的学生自信满满，有的学生站起来像块儿"小木头"，对待前者，我并没有过多关注，我的眼光专盯那些"不敢出声"或"声音很小"的孩子。到刘同学了，他迟缓地站起来，两腿弯曲，站不直，还没等他出声，同学们哄堂大笑，他立马低下头，涨得满脸通红，我隐约能听到爱起哄的孩子对他进行语言轰击，这时该我"上场"了，

我走到"小刺头"身边，严肃地瞪大眼睛，并大声地问："你刚刚是什么意思，你是在说你同学的坏话吗？这次可被老师抓了个现形！"此时全班鸦雀无声，所有的孩子都看着我，连不自信的刘同学也慢慢抬起头。我走向了他，用手抚摸着他的头，并和颜悦色地对他说："老师相信你是个好孩子，你的同学一定很喜欢你，一定很想重新认识你，今天对你来说是个难得的机会，你能大声说出你的名字吗？"孩子用很小的声音说出自己的名字，在我再三鼓励下，他尝试了三次才把自己的名字大声说出来。而令我惊讶的是，全班同学主动为他鼓掌祝贺，他的表情也松弛了下来，看得出来他对我也建立了初步的信任。接着我问他："那刘同学，你平时有什么音乐特长呢？"得知他在学习钢琴，我赶紧示意他上台表演，在我的鼓励下，他径直走上台，弹奏了一首《小奏鸣曲》。在他弹奏的过程中，同学们都瞪大眼睛，对他投去赞赏的目光。当他弹奏完毕后，我并没有让他回位，而又"乘胜追击"地发问："刘同学，你演奏的这首曲子叫啥名字？能给我和同学们介绍一下吗？"他很自然地回答："叫《小奏鸣曲》，它是克列门蒂的作品。"我故意张大嘴，大声说："哇，这么厉害！你不仅弹奏得好，还能准确地说出作品的名字，看来你对钢琴的学习非常认真，你也是咱们班的学习榜样呢！"说完，我反问下面的同学："同学们，你们说是不是呀？"同学们大声地回应："是！"此时的"是"这个字显得无比坚定，它坚定了同学们对他的肯定，也坚定了他走向"自信的步伐"。我陶醉在这样美好的课堂氛围中，深深地被眼前的一幕感动了，简直想把他定格住。多好的孩子，多生动的课堂，这不是我想要的理想状态吗？下课铃声响了，我也是第一次用音乐的方式和孩子们"唱"了再见，一群孩子陪伴在刘同学身边，簇拥着他唱唱跳跳地走了，还有几个同学自发留下来摆好板凳，礼貌地再次和我说"再见"，而他们班自从这节课后，像变了一个班，让我很惊喜，很有成就感，我知道希望正向我走来……

二、为学生制定个性化平台，让他们建立良好的心理素质

因为疫情原因，很多活动只能采取线上教学，本年度武昌区艺术小人才比赛采取了两种方式：录像赛和现场赛，各个学校承担除大乐器以外项目的录像赛，按照区统一要求，学校需要采取一镜到底的录制。高年级孩子的心理素质和舞台经验多一些，在教师的正确引领下，他们大都能自如表演。但对于三年

级学生来说，因为他们年龄偏小，第一次参赛，心理素质较弱，我们更需要耐心地引导。

在录制声乐项目时，第一个出场的是一个萌萌的小女生，她是张同学，只见她抿着嘴害羞地走上台，简单地做了自我介绍后，伴奏音乐就开始了。她略显紧张地勉强带着微笑演唱，却出人意料地在第一段副歌部分时突然哭了起来。摄像老师不得不暂停录制，我急忙把孩子牵到身边，轻轻安抚她不要着急，并告诉她可以再来一次，让她在观众席休息。我担心她受影响，让她妈妈进来陪伴她，希望她能缓和一下情绪。声乐项目最后一个孩子录制完毕后，老师们一起鼓励她再次上台，原以为孩子会"挺"过去，但这次还是没成功，我还是耐着性子帮助她，希望她能战胜自己。参加录制的孩子就剩下小张同学一人了，在场的老师们再次鼓励她上台，我径直走到她身边，她擦干眼泪，向我笑了笑，我说："这次，你一定能行！我们大家都看好你，否则我们不会给你这么多机会，我们相信你一定不会让我们失望的！"于是，她深呼了一口气，伴随着伴奏开始她的表演，到第一段副歌的时候，我真心地为她捏了一把汗，生怕她"掉链子"，但这次让我们看到了不一样的她，她最终将自己的比赛曲目完整地表演了。在她谢幕的刹那，在场的老师起立为她鼓掌祝贺，大家都为她竖起了大拇指。在这次活动之后，张同学看到我都是笑容可掬，也从一个胆小害羞的小姑娘慢慢变成了一个自信的小学生啦！

赛后，张妈妈与我取得了联系，张妈妈说："曾老师，今天的录制让我感受颇深。接到比赛通知，孩子特别高兴，但她支气管炎犯了，先是鼻子堵，之后又咳嗽，但她不想错过这次机会，坚持要参加。今天我们都很忐忑，估计孩子在现场看到学生们都很优秀，更是害怕了，但所有老师都给她鼓励，打气，最后能顺利录制下来，太不容易了……我要谢谢所有在场的老师，那么有耐心，坚信孩子能够克服胆怯，给她再次录制的机会。这一次经历对于孩子来说真是太重要了，使她战胜自己，迈出了第一步。她前面跳舞的女孩也让我挺感动！先是舞蹈道具出问题，后来又因为肌肉拉伤中断录制，孩子也是特别伤心，摄像老师都在商量如何剪辑视频，但您因为孩子说想要录制完整的视频，再次向摄像老师请求重新录制。您真是一位事事为学生着想，有爱心的好老师，很庆幸孩子能遇见您这样的好老师，相信这些孩子会越挫越勇，越来越自信。"我对张妈妈的回复是：相信孩子，他们会有无限可能！

三、鼓励学生找到"自信的源泉"，让"榜样"的力量带动集体进步

孩子都有优点和缺点，作为一线老师，我们应该放大他们的优点，让"特别"的优点在班集体中展示出来，并树立榜样和旗帜，让同学们在充满正能量的集体中成长和进步是我们不可推卸的责任。我特别喜欢在同学们身上"找优点"，特别是比较"特殊"孩子身上的优点。我认为这些孩子身上有几个相同之处：①害羞胆小不敢作声；②内心有强烈的表达意愿，又担心出错怕被笑话；③会流露出想得到老师或同学们肯定的目光。他们需要我们特别地关心和照顾，需要我们用更多的耐心和时间，让他们找到自信的源泉。在这里，我要特别讲一下发生在一班的一件事情。一班的黄同学原本是一个非常顽皮的孩子，他上课爱讲话，坐不住，生活上有些小邋遢，也就是老师们心里的"差生"。但这个孩子有一个最大的优点，那就是只要是他看见了老师，总会大声跟老师打招呼，说明他的品行很好，但就是因为身上的毛病多，才让老师们感到头疼，同学们也渐渐疏远了他。怎样让他改正这些毛病，让他能在同学们面前树立自信心是我需要考虑的事情。通过分析和观察，我发现黄同学还有一个优点——喜欢帮助老师做事情，这下好办了。为了让他慢慢改变，我任命他为小组长，把他的优点放大在同学们面前，让他真正意识到老师在帮助他，他也会主动改正错误。每班有四组，每组有一个小组长，去年12月底，我对一班的组长重新做了调整，为了照顾他的情绪，我特意换成四个男孩子，黄同学在第三组。当时其余三组的小组长都已落定，同学们都翘首以待第三组组长的诞生，我对孩子们说："我心中的第三组组长已有人选了，不过，我一会儿公布以后大家可不要惊讶哟！因为这是我深思熟虑的结果，我希望同学们能给他一次机会，并给予他支持，大家说好吗？"同学们都很期待，我马上喊出了黄同学的名字，大家几乎倒吸一口气，不敢相信眼前的事实，不知是哪位心地善良的孩子带头鼓掌，同学们也跟着鼓掌。此时，我示意他走上台，我牵着他的手，抚摸着他的头，问他："黄同学，你有没有很惊讶？想到会是自己了吗？"他抬起头看着我，顿时热泪盈眶，他站在那里一动不动，但又强忍着泪水，有一种想说但无从说起的感觉。而我知道他的内心，便让他先平静了一会。此时无声胜有声，这也是对孩子们的心灵进行洗礼的最好时刻。而后，我

问他："孩子，你怎么哭啦？"他说："老师，我很感动，因为您是第一个肯定我的老师，我希望同学们都喜欢我，原谅我以前犯的错，对不起大家！"说完，他朝同学们深深地鞠了一躬。我告诉他，要有信心，要学着约束自己的行为，小组长是同学们的表率，今后不仅要管好自己，还要为班级和同学们服务。他擦干眼泪，坚定地点点头。后来的音乐课中，当他再做小动作时，他会偷偷地看一下我，当然，我也会向他投去鼓励的眼光，他也慢慢意识到要用正确的态度学习，当然，他与同学们的相处也越来越融洽了。

这些生动而鲜活的课堂实例在我的音乐课堂中会经常"上演"，我很享受这个过程。作为从教近二十年的教师，我不仅给我的学生传授音乐知识，更重要的是教他们做人的道理，我用积极的充满正能量的心态鼓舞学生向前，引导他们用正确的三观看待这个世界和社会。在今后的教学工作中，我会继续保持这种博大的胸怀，引导他们积极健康地成长，让充满爱心和耐心的工作状态完全融进孩子们的心田……

办"好食堂"，让食育文化可见

严资文

学校食堂是学校后勤服务保障体系的重要组成部分。食堂文化建设是校园文化、校风建设的组成之一，为了积极配合我校校园文化建设，学校食堂努力探索、构建食堂文化，丰富校园文化内涵，为广大师生提供更多更好的餐饮服务和精神享受，也为促进食堂特色文化发展多做贡献。

一、"一下三民"活动成效可见

我校2022年前没有食堂。几年来一直采用配餐方式解决学生中午就餐问题。配送方式无论是在饭菜的口感，还是营养方面均无法满足家长及学生对营养午餐的需要。解决好学生在校就餐问题，让他们吃饱吃好吃得有营养一直是水果湖地区学校学生所念，家长所盼。民有所呼，我有所应；民有所盼，我有所为。

为全面贯彻落实省、市、区《关于开展党员干部下基层察民情解民忧暖民心实践活动的通知》精神与要求，我校在局党委的直接领导与亲自指导下，在前期充分调研的基础上，将办"好食堂"作为学校下基层察民情解民忧暖民心实践活动的"一号工程""民生工程""民心工程"。我校制定了《武昌水果湖第一小学食堂建设实施方案》，以"下基层察民情解民忧暖民心实践活动"为契机，攻坚克难，推动解决人民群众关心的学生在校就餐问题，建好食堂，办好食堂，守护学生舌尖上的安全，让学生吃得更卫生安全、更营养健康、更质优价廉，切实增强人民群众对教育的获得感与幸福感。

我校领导通过实地走访、调研座谈等方式，充分听取广大教职员工、学生、家长对食堂建设的意见和建议，不断调整方案，不断完善流程，不断优化举措。在区教育局的领导，在区教育局管理站、后勤中心的具体指导下，学校领导高度重视食堂建设工作，成立以校长为首的学校食堂工作领导小组，统筹各项工作，总务处具体负责食堂建设的沟通协调与实施工作，针对各项具体工作制订计划、明确责任，让食堂建设落到实处。经过努力，我校食堂于2022年9月12日开学正式投入使用，彻底解决了水果湖一小学生吃饭难的问题，解决了家长的后顾之忧。

二、食堂文化内容可见

（一）建立管理健全制度，强化食堂流程管理

健全的规章制度，是实施科学管理的基础。食堂管理严格执行《中华人民共和国食品卫生法》《学校卫生工作条例》等法律法规。学校制定了《学校食堂食品安全责任制度》《食堂卫生检查制度》《食物中毒应急处理制度》《食品卫生安全管理制度》等一系列规章制度，建立健全各岗位职责、各岗位管理制度，进一步明确岗位职责和食品卫生操作规程，对环境卫生、食品卫生和个人卫生都做出了详细的规定，做到食品卫生管理有章可循，有规可依。

进货、仓储、加工、出"品"是食堂操作的主要流程，必须强化管理。在这一过程中，我们注意把好三关：一是把好进货关，保证食堂原材料的质量。二是把好加工操作关，每天的蔬菜要入水浸泡半小时以上，去残留农药或菜虫等，加工时不重复使用油料，加工储藏场所无关人员不得进出，做好食品留样。三是把好食品分餐关，食品分餐，严格按照食品卫生安全要求执行。

（二）构建食堂文化氛围，营造温馨就餐环境

学校在注重食堂常规管理的同时，还非常注重食堂文化氛围的构建工作，营造一个好的就餐环境，创造教育载体，使学校食堂成为学校文明教育工作又一阵地。如在食堂墙壁、立柱、桌面、餐车等地方张贴以"文明礼貌、勤俭节约、安全卫生、健康饮食"等为主题的图片、标语，为师生良好行为习惯的养成起到了积极的推动作用，也彰显了食堂文化建设的文明与和谐，让广大师生在就餐的同时享受到用膳文化的浸润。另外，在食堂内外摆放绿植，既净化和清新了空气，更起到了美化环境的作用，营造温馨的就餐环境，让就餐师生吃得放心，吃得舒心。

（三）搭建智慧数据平台，"明厨亮灶"显现效率

食堂"明厨亮灶"的建设，搭建了食堂智慧数据平台，让智能化参与食堂各个方面的管理。我校整个食堂厨房各个关键空间安装高清摄像机，对整个食堂的环境、厨房操作等一系列实施监控。在食堂餐厅显示屏上随时可以观看到食堂的全方位镜头，在教育局后勤中心安全平台上可以通过系统实时预览监控画面，回放历史记录，下载监控资料等。同时"明厨亮灶"对人员健康、食材质量等也进行实时监控管理，食材的质量保障"可见"。

三、学生品质能力提升可见

学校食堂是学校后勤服务保障体系的重要组成部分，是学生集体用餐和日常生活的重要场所，是课堂之外对学生进行思想政治教育和日常行为习惯养成教育的重要阵地。学校食堂不仅解决了学生吃饭的问题，还在潜移默化中促使学生形成了良好的行为习惯。

食堂正式启用前学校组织相关人员，通过民主决策，决定对学生就餐采取"餐车送至教室，现场分餐"的管理模式。食堂正式启动后，学校在各中队设置了"红领巾劳动服务岗"，由学生自主分餐，加强对学生的劳动教育，充分发挥学生的自主能动性，锻炼了学生的动手能力。就餐时学生们保持良好的就餐秩序，自觉排队就餐；打菜文明有序，不争，不抢；不偏食挑食，注意营养搭配，爱惜粮食，杜绝浪费；就餐时不大声喧哗，注意个人形象，尊重他人；爱护餐具，轻拿轻放。同学们遵纪守规的良好习惯逐渐形成。参与打餐的学生戴着口罩、卫生帽、一次性手套，系着围腰，再给同学们分餐。来就餐的学生根据自己饭量有序取餐，吃完饭将餐具整齐放到回收箱内，每天对就餐情况进行小结。这既提升了学生的组织能力，也培养了他们的奉献精神和集体荣誉感。

四、食堂成效可见

我校成立了由学校领导，教师、家委、学生代表任职的膳食委员会，将每周菜谱提前公示，还设立食堂职工监督栏，强化家长、社会、师生对食堂的监督。同时，按照要求实行"日管控、周排查、月调度"，每月对食堂进行一次工作考核。食堂工作取得了一定的成绩，各级领导对我校食堂就餐环境、安全

保障、就餐质量给予了高度评价及充分肯定。同时家长和学生对食堂工作的满意度也非常高。孩子在学校就餐，家长感到放心，感到满意。我校食堂的工作被多家媒体报道，还在不同场合进行经验交流。

学校的发展需要加强校园文化建设，提高学生整体素质，而食堂文化建设是校园文化不可缺少的重要组成部分。营造食堂文化，构建和谐校园，让我们的文明就餐盛行！

第 三 章

小学语文学科
实践中的"可见学习"

关注课堂的教与学，提升课堂教学品质，致力于为学生打好四个基础。为学生打好思想方法的基础；为学生打好知识技能的基础；为学生打好生存生活的基础；为学生打好终身发展的基础。教会学生做人，教会学生学习，教会学生生活。

书香致远，"阅"见未来

郑春红

语文课程标准明确提出："义务教育语文课程培养的核心素养，是学生在积极的语文实践活动中积累、建构并在真实的语言运用情境中表现出来的，是文化自信和语言运用、思维能力、审美创造的综合体现。"

核心素养的四个方面是一个整体，统领全局的"切入点"是什么？如何让提升的过程真实"可见"？"阅读力"的提高就是切入点，阅读经典就是最直接、最有效的"可见"方式。文化涵养生命，经典浸润人生。引导学生阅读经典，让中华灿烂文化走进学生心灵，让他们在口诵心惟、含英咀华中受到中华五千年优秀文化精华的熏陶，增强文化自信，形成正确的审美观；同时在丰富多彩的语言世界里，学习语言、运用语言、积极思考、发展思维，提高自我学习力，让学习的过程和收获变得清晰可见。在阅读经典的过程中，还可以继承中华文化中崇德向善的优良传统，养成良好的习惯，塑造健康的人格，形成正确的价值观、必备品格和关键能力，更加健康成长，"阅"见美好的未来。

为此，学校开展了"经典诵读与校园文化建设""语文核心素养背景下的小学生课外阅读推广"等一系列实践研究。

一、创设条件，营造诵读氛围

"随风潜入夜，润物细无声。"学校着力构建和美的校园文化，最大限度地让校园的每一面墙都跟学生对话，让校园生活中充满诗意，充满书香。其中有兼具古典与现代感的大气儒雅大厅，也有丰富多彩的"廊柱文化"。校园的所有廊柱都精美包装，制作成中华传统文化艺术的巨幅彩绘，如"梅兰竹菊"

的诗篇，"二十四节气"的文字介绍，"京剧脸谱"的介绍，等等；有不同字体镌刻的"中华百家姓"；还有操场西边铺满整面墙的诗词佳句……静态的校园营造出浓浓的文化氛围，处处成为经典诵读的育人佳境，让学生在课间休息之时，不经意间感受到中华传统文化之美。

此外，学校图书馆给全体师生办理借阅卡，各班教室根据班级特点打造文化墙，建立了班级图书吧，让学生抬眼望人文，举目品经典。通过这些文化环境的打造，使学生走近经典，耳濡目染中华优秀传统文化。

二、内外结合，掌握阅读方法

课堂教学与课外阅读既是独立的个体，又互相依赖、互相渗透、互相促进。课题组教师着力在课堂上有意识地培养学生的阅读习惯，教给学生阅读方法，让学生学会阅读，再把课内阅读中所掌握的知识技能运用到课外阅读中去，为提高学生课外阅读实效性提供保障。

（一）课前引读，精读指点

通读，有利于整体把握主要内容，而精彩部分和难点，则需要像课文那样精读。二者结合，收获更多。课题组教师利用寒暑假将下学期必读书目发给学生，让他们假期先通读著作。而后利用课堂阵地，将课内外阅读结合。

（二）课内质疑，课外解惑

"知之者不如好之者，好之者不如乐之者。"兴趣是最好的老师。课内，可以用一些学生感兴趣的问题激发他们阅读的欲望，让他们愿意走进名著一探究竟。

有时，也可鼓励学生在课内阅读中提出一些疑问，引导他们通过课外阅读解决问题。这样，往往更有利于培养学生的阅读兴趣和自学能力。

（三）阅读穿插，美文共赏

教材中有不少课文是和课标规定的名著阅读相勾连的，教学课文时，要有意识地穿插相关内容，将课内外阅读连接。

（四）延伸拓展，架设桥梁

学生对文本的喜好和感悟，具有很强的个性化特点。研读文本之后，要帮助学生尽可能找到由阅读文本向课外阅读延伸的"阅读点"，以巩固文本知识，丰富、扩展文本内涵。我们可以根据文本特征及学生特点，做好由课内阅读向课外阅读延展的引导工作。

除了推荐阅读清单外，每个单元都有一定的荐读书目，这些推荐的作品虽不要求学生全读，但可以因人而异。课内阅读与课外阅读之间相互补充，得法于课内，得益乃至成长于课外。

三、加强研究，探索整本书阅读教学模式

指导学生读书的主阵地在课堂。结合语文教科书中的"快乐读书吧"，加强整本书阅读教学的研究，探索出了以下五类基本的课型，引导学生在语文实践活动中，根据阅读目的和兴趣选择合适的图书，制订阅读计划，综合运用多种方法阅读整本书；借助多种方式分享阅读心得，交流研讨阅读中的问题，积累整本书阅读经验，养成良好阅读习惯，提高整体认知能力，丰富精神世界。

（一）推荐阅读型

推荐阅读就是把自己读过的，认为值得与大家分享的作品推荐给同学阅读。荐读重在一个"荐"字，就是怎么荐，以及如何使自己的推荐让其他人接受。因此，阅读之前师生也要充分地读，有所收获，有所感悟，才能使自己的推荐更能够引发其他人的阅读期待。

在上推荐阅读课时可先组织小组活动。由学生拿出自己喜爱的课外书在小组内进行推荐介绍，这一时段，老师要加强视指导。接着由各小组推荐代表在班上介绍自己喜欢的书籍，教师要引导学生讲清楚、讲明白。在这一过程中，其他学生可以针对推荐提出自己的疑问。当然除了学生推荐，也可由教师推荐。

（二）阅读指导型

这类课主要是通过课堂指导学生如何阅读，教给学生精读、略读、浏览、速读等方法；指导学生合理使用工具书及收集、处理信息；指导学生边读边思考，提高理解能力、评价人物和事件的能力及想象创新的能力等。并逐步培养学生探究性阅读和创造性阅读的能力，提倡多角度的、有创意的阅读，利用阅读期待、阅读反思和批判等环节，拓展思维空间，提高阅读质量。

（三）阶段交流型

学生阅读整本书需要很长的时间，如果教师一直放任自流，一些学生也会因为没有教师的监督产生半途而废的念头，而且学生在阅读的过程中难免会遇

到一些问题，更见成效，教师必须在阅读持续了一段时间之后为学生构建一个平台，使他们可以及时分享阅读心得，吸收新的观点，激发新的思考。

（四）汇报总结型

这类课是孩子在阅读完了一本书之后以各自喜欢的形式汇报自己阅读的收获。主要形式有：组织学生讲述所读书籍的内容；组织故事会、朗诵会、擂台赛、知识竞赛等，提高学生的阅读质量；组织学生交流自己阅读的方法，自己阅读过程中的收获、感悟或困惑，也可对书中的人物及写法进行评点；组织学生把读过的内容改编成小品、课本剧等形式进行表演。

四、强化训练，丰富阅读形式

叶圣陶先生说过："语文教材无非是个例子，凭这个例子要使学生能够举一反三。"因此，我们把阅读方法的指导寓于阅读指导之中，以教材为依托，向学生现场演示科学的阅读方法，把"教材"变为"学材"，强化基本读法的训练。

（一）诵读

"读书百遍，其义自见。"经典值得反复诵读，能培养学生良好的语感。尤其是古诗词，平仄有序，节奏鲜明，韵律和谐，读来朗朗上口，悦耳动听，多读多诵能体味韵律美，音乐美。反复诵读，大胆想象，能领略意境美，绘画美。但是，没有哪一个孩子愿意机械地重复枯燥的学习内容，这就需要教师的引导和帮助。教师要用爱心、耐心、童心，加之很艺术的方法，激发孩子不断重复的兴趣。

教师们根据古诗的特点总结出了领诵、对读、小组接龙读、男生女生赛读、师生合诵等多种形式，最近还创新出变换不同的节奏读、拍手游戏读、利用电子白板等声像设备，配乐配画吟唱等，深受同学们喜爱。

（二）精读

精读，即逐字逐句精研细读的阅读方法。它可以有效地培养学生的阅读能力和阅读习惯，帮助学生牢固掌握知识，提高思维能力和认识水平，增强语言修养，提高语文能力。精读是培养阅读能力最主要最基本的手段。有的文章语言隽永，在阅读指导课中以这些作品为凭借，指导学生精读，要求学生全身心投入：口到、眼到、心到、手到，边读、边思、边注，逐渐养成认真读书的习惯。

（三）略读

它的特征是翻看读物，首先要看看序言、目录，或开头、结尾，然后从头至尾地浏览，力求迅速准确地从全局把握读物的脉络和主旨，明确主要内容。略读的目的是把握全篇的大意，得其要领。因此，在阅读中，对某些难点，只要不影响对整体的把握，可采用"以绕为进，以避为进"的办法，不在一处多耗时间，对于长句，要善于抓主干，遇到难词、生字，只要不影响对大意的理解，可以跳过去，以免影响进度。当然，略读也不等于走马观花、漫不经心地扫视，而是要集中注意力，有目的地扫视。

（四）速读

速读即不发音、不辨读、不转移视线，用尽量少的时间获取尽量多的信息，并能正确理解文章的阅读方法。其特点是快，要求读得快，理解得快。速读时可采用"扫视法"，培养以词句为单位的整体性阅读习惯，也可用提问法，让学生速读后解答，培养速读的习惯和能力；还可用竞赛法，激发学生速读兴趣。

（五）跳读

跳读就是不通读，有所舍弃，择其所需而读。跳读时要做到目光只扫描最关键的词句，无关的通通抛开，以培养学生带着问题，迅速捕捉所需信息的能力。

（六）批注阅读

批注阅读即阅读过程中边读边批注的方法。教师要预先确定阅读批注的符号和格式，引导学生做到一边阅读一边勾画圈点或写上几句心得，随读随写，既动脑又动手。运用批注阅读法，旨在养成"不动笔墨不读书"的良好习惯，不仅引导学生发现值得采摘和储存的文句、观点，随时记入特制卡片中，或直接记于摘录本中，而且还引导学生把大脑中闪现的灵感和智慧的火花随时记录下来，形成心得体会。

五、注重融合，激发阅读兴趣

（一）将阅读与其他学科融合

我们在课题研究实践的过程中，不局限于在语文课堂上指导阅读，还注重引导学生跨学科学习，将阅读与其他学科有机融合，全面提高学生核心素养和人文素养。比如，音乐课上或给经典的古诗配上节奏，即兴来上一段精彩的说唱，或者在优美的音乐声中深情吟唱。再如，发挥美术绘画技艺，绘制思维导图，学生可以将书中杂乱的人物关系和情节快速厘清，形象直观地记住书中的大量细节，从而提高阅读的质量，让阅读思维可视化。学生升入三年级以后，学校开设了信息技术课，于是学生可以上网浏览、查找、收集阅读资料，以加深对文学作品的理解，拓宽视野，丰厚文学底蕴。在"读古典名著，品百味人生"为主题的整本书阅读展示活动中，学校通过"画一画、演一演、写一写、算一算、做一做、赛一赛"等多元的方式，开展丰富多样的项目化学习展示活动，大大激发了学生自主阅读的意识和热情，充分发挥了学生的爱好特长，彰显了学生个性，也让整本书阅读深入且生动，发挥阅读的更大价值。

（二）将阅读与学校各场馆融合

我们还将读书活动与校图书馆、图书角相融合。学校图书馆每年增加课外读物的配备，另外新建了电子阅览室、视听室等电子设备；校门口的"家长与学生服务中心"经过精心设计装修，配有软软的沙发、地垫，现代化的电子书柜、触摸式电子书，营造出舒适休闲的阅读环境；还有校园内随处可见的阅读小吧台、阅读角……这些场馆设施随时开放，给学生提供了更广博的阅读资源。

（三）将阅读与家庭教育融合

家庭教育也起着举足轻重的作用，所以，在读书活动中，我们还真诚地邀请家长加入阅读行列，与孩子们一起在书籍的海洋中遨游，共同领略经典的无穷魅力。我们提出"亲子阅读，最美丽的休闲"，鼓励家长带孩子逛书店、送书给孩子、和孩子一起诵读，用"童真、童心"营造家庭诵读氛围，分享诵读快乐，帮助孩子养成良好的阅读习惯。

（四）将阅读与评价方式融合

进行课题研究以来，我们还融合多种评价方式，如阅读银行、读书打卡、星级评价、积累晋级等，始终坚持"赏识为主、受益优先"的总体激励评价原则，激发学生阅读的兴趣。

六、开展活动，体验阅读快乐

为激发学生课外阅读的热情，引导学生坚持阅读，我们把"读书"和"活动"紧密结合在一起，用丰富多彩的主题活动让课外阅读更富吸引力。

学校每年举办"4·23世界读书日阅读推广"活动，开展读书故事会、佳作欣赏会、人物评论会、优秀诗文朗诵赛，读书笔记、"23页第四行"阅读书签、"小书迷的大世界"悦读小报展评，举办"读好书、写好字"作品展等读书活动，激发学生读书热情，提升学生读书质量。

学校组织开展了"经典诗词诵读活动"，各班精心挑选诗文，着汉服唐装，配上背景音乐，载歌载舞，诵读诗文。在评选"最美朗读者"的活动中，学生们有的全家总动员，有的甚至在老师带领下去录音棚录制，有了一次难忘的体验。

学校还充分发动家长，使其成为我校书香文化活动有力的支持者、宣传者和直接参与者，通过亲子阅读活动、"晒亲子读书照"、"秀家庭图书馆"、组织评选"书香家庭"，来促进建设学习型家庭，将读书活动从校园辐射向家庭，营造孩子成长的理想环境。

最是书香能致远。书香浸润童年，阅读点亮人生，愿每位教师成为学生阅读的点灯人，让学生一路书香，"阅"见最好的自己，"阅"见美好的未来！

基于"可见学习"的古诗词教学课堂实践

——部编版五年级上册第七单元古诗词《渔歌子》教学设计

周华

【教材分析】

"词中有画，画中有词。"《渔歌子》是部编版五年级上册第七单元语文园地中的一首词，也是一篇旷世名作。作者张志和既是诗人，又是画家，因此他笔下的《渔歌子》也是一片诗情画意。全诗色彩鲜明，动静相宜，意境优美而活泼，似一幅水墨丹青，充分表达了诗人陶醉于大自然山光水色之中悠闲而自由的生活乐趣。

此词在秀丽的水乡风光和理想化的渔人生活中，寄托了作者爱自由、爱自然的情怀。处在这样一片自然淳朴的风光之中，作者自然感慨"不须归"。世事于我如浮云，何用浮名伴此身？这"不须归"寄情于景，直抒胸臆，表达其自由自在、终老山水的生活向往。

读之，心境渐趋宁静，似与山水融为一体，着一袭青衫，飘然世外，走在这有风有雨有山有水的路上，不归去……

【设计理念】

"可见学习"，致力于教师如何"最大限度地促进学习"，"教师要看得见自己的教对学生的学所产生的影响；为此，教师要成为自己教学的学习者，而学生要成为自己学习的教学者"。所谓"可见"，简言之，就是教学者及学习者要知道自己的影响，这才是有效的教与有效的学之本源。"可见学习"如何"可见"，古诗词教学如何让学生语言构建与发展可见，思维发展与提升可见，审美鉴赏与创造可见，文化传承与理解可见，这是一个值得思索与践行的话题。

中国是诗的国度。诗歌是中国文化的精神家园，是中国人情感的重要抒发方式，凝聚了中华民族传统的审美思维。古诗词是小学语文教学培养学生语文核心素养的重要资源与有效载体。但传统的古诗词课堂教学，只是机械地对词语、诗句，表达方式进行解读，是一种"我—它"疏离关系的文本浅层解读，不能走进文本，深入文本。这样导致了古诗词教学重知识积累，轻感性体验，注意诗词的背诵默写，忽视了学生的兴趣因素。如何在古诗词教学中找到一条既不违背阅读教学的一般规律，又不失古诗词特性的教学思路，是我在课堂教学中孜孜探索与实践的目标。本教学设计在新课标的指引下，引导学生"会心吟诵得其韵""诚心直观得其象"以及"潜心涵泳得其意"。让诗词以自己的言语存在、说话；让学生在个性张扬与独特体验中感悟，在留白处自由想象与表达。

【学情分析】

教学要根据学生的特点，对目标进行恰当取舍与必要调整，必须清醒认识到学生的认知状态、学习兴趣、学习需要以及学习困难。五年级的学生对于诗词已不陌生，并掌握了一定的诗词学习方法。通过课前的学情调查发现，《渔歌子》本身文字浅显易懂，学生对理解字面大概意思基本无碍，但对诗人所要表达的归隐田园、寄情山水的美好愿望却囿于时空关系无法深入理解。《渔歌子》是一首经典的写景词，王国维在《人间词话》里说："词以境界为最上。有境界则自成高格。"所以，如何引导学生在真切感受意境美的基础上，理解作者心境以及人生情怀，就成了这堂课的重中之重。因为这既是目标，也是深入理解"不须归"这一词眼的铺垫和手段。

【教学目标】

知识与能力：

1. 读通词的内容，理解大意，想象词的画面美，并描述出来。

2. 能够有感情地朗诵、背诵全词。

过程与方法：

1. 能根据语言文字想象画面，尝试自主探究诗词的画面美。

2. 掌握一些有感情诵读诗词的基本方法。

3. 能初步感悟景语到情语的表达妙处。

情感、态度与价值观：

1. 能感受诗人的心情，体会诗人心境，品味诗歌意境。

2. 激发学生学习古诗词的兴趣。

【教学重点】

通过朗读想象，感受词中的美景和意境，体验作者宁静、悠闲的心态。

【教学难点】

走进诗人的内心世界，感悟"斜风细雨不须归"的内涵及原因。

【教学策略】

教法：情境教学，比较阅读。

学法：诵读感悟，情感体验，人境想象。

【课前准备】

学情调查、视频资料的剪辑。

【教学过程】

第一板块：从朗读到吟诵，感受诗词韵律之美

1. 激趣设境

我们先来听一首歌。请看大屏幕。播放《渔歌子》。

师：同学们，我们刚刚听到的这首歌，可不是一首普普通通的歌曲。其实，在这动听的旋律背后，藏着一首著名的古词。这首词，就是我们今天要学习的内容。

设计意图：著名特级教师于漪说：课的第一锤要敲在学生的心灵上，激发起他们思维的火花，或像磁石一样把学生牢牢地吸引住。课堂伊始，如黛青山、碧蓝流水、翩翩白鹭、粉红桃花，再加上天籁般的童声合唱，组成一幅诗意的江南画卷，一下子拉近了学生与古诗词的距离，增强学生与古诗词的意味与意蕴的亲近感，不知不觉中，带领学生走进古诗词独有的"境"与"场"。

2. 读正确

翻到书的第49页，结合注释，把这首词仔仔细细读上三遍。读的时候，注意把每个字音读响亮，读正确。（板书：正确）

设计意图：南宋朱熹说："凡读书……，须要读得字字响亮，不可误一字，不可少一字，不可多一字，不可倒一字，不可牵强暗记。只是要多诵数遍，自

然上口，久远不忘。"从读正确开始，引导学生自由读，指名读，齐读，学生不仅读准读通读顺了，也大致疏通了文意，完成了对作品的初读。

师：谁来读？

师评价：真好，字正腔圆。

最后两句，生字最多，需要特别关注。全班再读。

指导学生观察字形，猜测物体。

师：知道箬笠、蓑衣是用来做什么的吗？见过吗？来，看看偏旁，你能猜测出它们分别用什么做的吗？

师小结：真好。同学们，根据偏旁部首，可以猜测出物体大概的样子，这就是中国汉字的独特魅力。

设计意图：你知道它们是用来做什么的吗？你能根据字形猜测出它们是用什么做的吗？汉字是一种独特的文字，汉字是会说话的。引导学生注意观察汉字的偏旁部首，发现汉字形态之美。如此感受汉字，汉字所蕴含的情趣、意趣和理趣，就变得灵动起来了；如此学习汉字，汉字所带来的审美体验，就变得立体起来了。

全班齐读整首词。

3. 读出节奏

师：同学们，诗词在我国古代是用来唱的，唱的时候，手之舞之，足之蹈之。

师：手之舞之，就是击节而歌，就是用手打拍子（教师示范）。拿出我们的手，我们一边打拍子一边读。

师：足之蹈之，就是踏足而歌，用脚打拍子。（教师示范）准备好了吗？手和脚配合，我们一起学习古人"手舞足蹈"。

设计意图：《诗大序》曰："诗者，志之所之也。在心为志，发言为诗，情动于中而形于言，言之不足故嗟叹之。嗟叹之不足故永歌之，永歌之不足，不知手之舞之足之蹈之也。"手拍起来，脚踏起来，看似简单，却符合儿童天性，把孩子们学习古诗词的积极性极大地调动起来，让他们在形式多样、充满情趣的反复诵读中，既读懂了诗词的意思，又感受到诗词的意境，更感受到美的愉悦。

4. 读出韵味

师：诗词的节奏，（板书：节奏）大家读出来了。古人读词还讲求韵味儿。（板书：韵味）

师：古人把第一声、第二声称为平声，老师把平声字都加上了小横线，读的时候把声音拉长一些。古人把第三声、第四声称为仄声，老师用小竖线表示，在遇到第三声、第四声字的时候，我们读得短促一些。

教师示范朗读。

学生自由练习朗读。

指名读，师评价。

师：真好。同学们，诗词的韵味儿就这样被我们读出来了。

设计意图：重要的不是讲解平仄的知识，而是用这样的吟诵方式引领孩子们感受古诗词字里行间的气息、情绪、轻重、缓急、抑扬的细微变化。正如周振甫在《论诵读》中所说："读时分轻重缓急，恰好和文中情事的起伏相应，足以帮助对文章的了解，领会到作者写作时的情绪；懂得音节和情绪的关系，到写作时，自会采取适宜的音响节奏来表达胸中的情意。"这一方法有助于积累素材、培养语感、体验品味、情感投入，达到熏陶感染、潜移默化的目的。

第二板块：从文字到画面，走进诗词意境之美

1. 引导学生看到文字中的色彩

师：同学们，不知不觉中，这首词我们就读了这么多遍。细心的同学一定会发现在这首词的字里行间藏着许许多多的色彩。你都看到了哪些颜色？

生：白鹭的白，桃花的红，箬笠的青，流水的蓝，天空的灰……

师：你们都有一双善于发现美的眼睛。这么多的颜色，如果要你用一个词来形容这春天的色彩，你想用哪个词？

生回答。

2. 引导学生聆听文字中的声音

师：会读书的孩子不仅会看到美丽的色彩，还会听到许多悦耳的声音。你听到了什么声音？

生：白鹭的歌唱，风声雨声，流水声，鱼儿跃出水面的声音……

师：同学们，眼里有色彩，耳畔有声音。我们一起再来读读这首词。

设计意图：从黑色的汉字中读出丰富色彩，从沉默的文字里聆听美妙声音，从静止的文字中看到细微动静，引导学生细读文本，用心读文字，引导学生建立文本与经验，文本与自然，文本与生活的联系。从文本走向生活，再从生活回归文本。

3. 引导学生想象画面，理解诗意，感受诗境

师：古人说：画中有诗，诗中有画，读着读着，你的眼前一定会出现一幅幅的画面。你都看到了怎样的画面？

设计意图：朱光潜说："无论是欣赏还是创造，都必须见出诗的境界。"语言品读过后，则需要引导学生发挥想象，描绘诗文所表现出来的情境，进入文本世界，获得审美体验。让学生对诗歌进行描绘，感受"诗中有画，画中有诗"的境界。这样的描绘打破了诗歌教学中机械化的翻译，让学生在欣赏与评价中感受语言文字所表现出的形象美和情感美。学生能体悟到诗歌的眼界是广阔的，笔触是细腻的，色调是鲜明的，动静结合，美得有声有色。

师：咱们一幅一幅地说。谁来分享第一幅画面？

（1）西塞山前白鹭飞

指名生1说，师适时评价：真好。你把文字读成了一幅有声有色的画。

指名生2说，师适时评价：你的描述仿佛让我看到了这幅画。

指名生3，师：你看到这幅画了吗？你看到白鹭在怎样飞？

设计意图：怎样飞？引导学生把白鹭飞翔的动作、声音、情态、画面，说具体，说生动。教师适时地追问，有助于学生将思维训练引向深入，引导运用语言文字表达自己的审美体验，表现自己对美好事物的情感、态度和观念，表现和创造自己心中的美好形象，具有创新意识。

师：同学们，这就是白鹭。一身洁白，显得优雅、圣洁，中国古代诗人似乎特别钟爱这种鸟。在古诗词中经常会出现白鹭的美丽身影。请看大屏幕：

——两个黄鹂鸣翠柳，一行白鹭上青天。

——惊飞远映碧山去，一树梨花落晚风。

——漠漠水田飞白鹭，阴阴夏木啭黄鹂。

设计意图：适时展示白鹭图片以及适度拓展关于白鹭的诗句，从赏白鹭形象到积累白鹭诗词，让学生对白鹭这一意象的美好有了最直观最形象的感知，从而加深了诗词教学的广度和深度，鼓励学生从课内走向课外，激发学生对中华古典诗词的热爱之情。

（2）桃花流水鳜鱼肥

生说（多人）。

师适时引出话题，将学生思维引向更深处：同学们，在这春暖花开的江南，在这西塞山前，盛开的一定不仅有桃花，应该还有梨花、李花、杏花……但作者为什么独独写桃花呢？

生自由说。

师：同学们，其实，在中国传统文化中，桃花有其特殊的意义。看到桃花，我们会马上联想到晋代陶渊明的名篇——《桃花源记》。请看大屏幕：一起读。

师：现在你们明白作者选择桃花入诗的用意了吗？

设计意图：语文教学是母语教学。汉语字词，特别是古诗词中的字词很多都是带有传统的文化基因，有着特别的意味。只有引导学生恰到好处地解读这些文化密码，他们才能读懂汉语的丰富意蕴。学习语言文字运用，就是学生感受语言文字魅力、习得语言文字表达智慧的思维过程。

（3）青箬笠，绿蓑衣，斜风细雨不须归

指名说画面。（板书：不归）

设身处地，指名学生说：张志和，你为何不归？

师：仅仅是留恋这世外桃源般的美景吗？

师：请看大屏幕，也许你能从作者的生平背景中获得更深刻的感受。

（PPT：张志和，年少得志，曾是朝廷命官，后因得罪权贵被贬，不愿再与贪官污吏为伍，干脆辞官不做，隐身大自然，寄情山水，以游赏为乐，钓鱼为趣，过起了天大地大、四处是我家的游历生活，逍遥自在，怡然自得）

师：作者不想归，不愿归的原因其实是……

设计意图：不归？是什么意思？为何不归？仅仅是留恋这大自然的美景吗？教师抓住词眼，在文本关键处步步追问，层层深入。补充词人的生平资料，进一步启发学生思考，"逼"着学生走入文本背后的故事，走进诗人的内心世界，终于读出了作品的韵外之致，味外之旨。这样的言语实践，让学生走进文本，走进作者，与他们产生共鸣，想他们所想，感他们所感。

这"不须归"，当然不仅是他不想回家，他还不想再陷入世尘的起伏、官场的是非。这"不须归",其实又是一种真正的归——归往精神的家园,生命的本真。当然,五年级的孩子对于"出世"与"入世"的体悟不可能深透。没关系,留给岁月。只要他们诵过这些句子,总有一天,词的意境会在他们人生的某一个情境里悄然浮现。那个时候,再吟"青箬笠,绿蓑衣,斜风细雨不须归",或许就能体味到一种物我两忘的"无我之境"。

师:理解了"不须归",我们再来一起读读这首词,一定会有不同的感受。(生读)

师:同学们,数一数这首词一共有多少个字。

师小结:这首词仅仅有27个字,但是作者张志和却用这样简简单单的27个字,为我们展现了一个草长莺飞的烟雨江南,为我们描绘了一个充满诗情画意的世外桃源。

设计意图:数字数,看似不经意的一举,其实是引导学生感受古词凝练的表达特点。

第三板块:从单篇到组文,领悟诗人情感表达之美

1. 对比朗读《渔歌子》《江雪》

师:同学们,同样在唐代,同样是一位伟大的诗人,他叫柳宗元,他也写了一篇关于渔翁垂钓的诗。请看大屏幕。大声读,对比着读。

2. 引导学生深入思考文本表达妙处

师:同为渔翁垂钓的作品,但两首作品,两种文字,给我们的感觉会是一样的吗?

设计意图:补入同题材的诗歌《江雪》,又为课堂教学打开了一扇窗。充分利用语文资源,精心创设一些贴近学生最近发展区的认知冲突,唤醒学生的思维,激发学生的期待,引领学生在自主阅读中发现问题、在静思默想中探究问题、在交流合作中解决问题,发展学生的言语思维,历练学生的听说读写能力。学生的语文实践一旦有了思维力量,学习语言文字运用就会有思想的质感、生长的活力,言语思维能力也就会有更好的发展。

师:第一首给你什么感觉?是哪些字眼给了你这些感受?

师:这样的文字给了你这样的感受。

师:第二首又给你什么感觉?又是哪些字眼给了你这样的感受?

师:这样的文字给了你这样的感受。

师小结：同学们，文字不是无情物。语言文字是有生命的，有温度的，有喜怒哀乐的。抓住了这些字眼，我们就抓住了读懂这些语言密码的钥匙。同学们，你们真了不起！你们发现了，在这两首诗词中，作者表面上写的是景物，实际上通过景物描写来表达人物的情感。近代国学大师王国维先生就说过这样的话（PPT：一切景语皆情语）。

设计意图：诗歌的言语表达表现了汉字独特的美感，通过语言文字所塑造的意象、意境往往又与诗人的情感相交融，构建了美的意象世界。正如宗白华所说："主观的生命情调与客观的自然景象交融互渗，成就一个鸢飞鱼跃，活泼玲珑，渊然而深的灵境。这就是美。"拓展阅读古诗《江雪》，将新知"一切景语皆情语"进行迁移，提高学生的语文实践能力。这样的设计既立足于文本，又超越文本，给予学生较大的自主发展空间，促进学生有效的经典积累。

师：同学们，尽管同是写垂钓的诗词，但两首诗词呈现的却是两幅截然不同的画面，表达出来的也是两种截然不同的情感，也让我们感受到了两个截然不同的渔翁形象。一个是……（快乐的、悠闲的、逍遥自在的……）（指名说）；一个是……（寒冷的、孤独的、寂寞的……）（指名说）。此时此刻，让我们把目光聚焦到渔翁身上。

第四板块：从拓展到留白，激发学生思维碰撞之美

1. 拓展

教师补充相关课外资料：张志和钓鱼不设鱼饵。

师：冬天是适合钓鱼的季节吗？柳宗元会钓到鱼吗？了解了这些，你头脑中有了怎样的疑问？

2. 学贵有疑，将学生思维引向文本秘处

师：醉翁之意不在酒，钓翁之意不在鱼。他们在意的是什么呢？他们内心追求的又是什么呢？

（PPT：渔翁钓的不是鱼，钓的是＿＿＿＿＿＿＿＿＿＿＿＿＿＿＿＿＿）

设计意图：一石激起千层浪。这里的写话绝不仅仅是语言文字的训练。张志和对话柳宗元，碰撞的是相近背景下产生的两种截然不同的价值观与人生观。张志和是决绝的"归去来兮"了，柳宗元却还在垂钓着一个政治上的春天。在这进与退的天地间，不同的心境、不同的诗意、不同的美却给了我们同样的深深震撼。

本节课到此戛然而止，却在学生心中留下层层涟漪。不必言说，因为幼小的心灵尚未经岁月雕琢；因为这进与退的抉择本也难道破。于是，画面只有在孩子们的心里永远留存，定格——张志和依然泛舟在初唐的那个春天里，柳宗元也依然独坐，垂钓着中唐的漫天风雪。

教师总结：有兴趣的同学，可以继续深入学习，走进作品背后的故事，走进诗人的内心世界。

【板书设计】

渔歌子

唐　张志和

正确

节奏

韵味儿　　　　　　不　归

【作业设计】

（1）背诵默写《渔歌子》。

（2）课外自主收集，对比阅读其他的描写渔翁的诗词。做一份关于中国古诗词中的渔翁形象的手抄报。

设计意图：背诵默写的目的在于积累，将语言以及语言所描绘的渔翁形象深藏在记忆和心灵的最深处。课文无非是个例子。课外自主收集，对比阅读关于中国古诗词中的渔翁形象，意在引导学生从课堂走向课外，从单篇走向群文，从学课文走向学语文，拓宽的不仅仅是学生的知识与视野，激发的不仅仅是学生的思维。

【课后反思】

本节课尝试以"可见学习"的教学理念，开展古诗词的阅读教学。这首词的语言接近白话文，浅显易懂，因此我并没有局限于理解词意，而是引领学生在反复诵读中走进作者的内心世界。

教学环节安排上循序渐进，尊重学生学习认知规律，由浅入深，由表及里，从语言文字到情感态度，逐次递进，层层深入。

（一）目标准确，让情感可见

本设计将五年级古诗教学准确定位在"诵读、感受、体会"三个层面上，引导学生在多种形式的诵读中了解词的音韵美；在想象中构建词的画面美，感受意境美；在"品桃花"梯度设计中，体会桃花蕴含的形象美、意蕴美，从而悄然领会词人心中的情感。

（二）创境感悟，让思维可见

抓住作品特点"词中有画，画中有词"，引导学生时刻沉浸在"斜风细雨"之中，于文字与音乐中大胆想象画面、表达抒情，将静止的文字变幻成一幅幅灵动鲜活的画面，感受动静交替、虚实相生的意境美。

（三）适度解读，让智慧可见

抓住"白鹭"，抓住"桃花"，在"浅"吟"低"唱中，不着痕迹地将词中"白鹭桃花"高洁娴雅、自由自在、无忧无虑的意象深深扎根于学生心中。此时，教师抛出"为何只选桃花入诗"的问题，引发学生深度思维，再适时补充柳宗元的《江雪》，引导学生将两部相同题材的作品对比阅读，存同求异，拓展王国维的名句"一切景语皆情语"，让学生骤然产生顿悟，于潜移默化之中体会作者表达情感的方式。课即将结束的时候，教师再次补充相关课外资料：张志和钓鱼不设鱼饵，并提问：冬天是适合钓鱼的季节吗？柳宗元会钓到鱼吗？一石激起千层浪。于关键处戛然而止，如同水墨画般的留白，给人以课虽尽而意无穷之感。

注重实践，让素养可见。有效利用课内外语文教学资源，积极创设语文实践氛围，运用"想象""迁移""对比阅读"等学习方法，引导学生进行语文实践，力图突破以往语文教学中"教课文"的瓶颈，走出一条"教语文"的新路。

这一设计理念既体现了基于学生学习起点，尊重每一名学生发展权利的理念，又注重了学生语文综合能力的提高；既体现了学生的学习主体地位，提高了学生自主学习、探究的能力，又为学生营造了一种充满诗意想象和情感的学习氛围，最终引领每一名学生在诗意的课堂中学会感悟，学会思考，学会表达。

创境　激趣　悟情

——以《观潮》为例浅谈写景文章的教学

罗雅丽

语文课程标准指出：语文教学要注重语言的积累、感悟和运用，注重基本技能训练，让学生打好扎实的语文基础，尤其要注重激发学生的好奇心、求知欲，发展学生的思维，培养想象力，开发创造潜能，提高学生发现、分析和解决问题的能力，提高语文综合应用能力。小学语文教材中，写景类文章占有相当大的比例，每个年段均有编排。这类文章文质兼美，描写细致，情思饱满，想象丰富。学习这类文章，应当巧妙创设各种情境，充分激发学生的学习兴趣，让其感悟别样情趣。下面笔者以统编版教材四年级上册《观潮》为例，谈谈写景类文章的教学策略。

一、关注学情，引导激趣，触景生情

特级教师于永正主张"蹲下身来与学生对话"，郭思乐教授主张"抛秧式"教学。笔者认为，关注学生实际情况，我们的教学行为、教学方法随之就会发生变化，课堂上学生的学习状态会因此呈现出生动活泼的动人场景。记叙文有一定的故事情节，富有吸引力，而写景类的文章要求读者入情入境去深入品读，才能感受到它独特的语言文字魅力，体会到它特有的情趣。因此，对于四年级的学生来说，教学写景文章，要通过一定的创新方法，吸引学生的注意力，激发他们的学习兴趣。

统编教材四年级上册第一课《观潮》是一篇写景记叙文，记叙了作者农历八月十八到盐官镇海塘大堤观看钱塘江大潮的所见、所闻、所想。作者通过耳闻目睹潮来前、潮来时、潮退后的景象，写出了大潮这一"天下奇观"的奇特、雄伟、壮观。特别是"潮来时"一段，把钱塘江潮描绘得有声有色，读来令人如临其境，如闻其声，如见其景，展现了神奇的大自然之美。这篇写景美文如何在开课伊始牢牢吸引学生的注意力？笔者以为，视频激趣导入方法成效显著。

苏霍姆林斯基说过："小学生往往用形象、色彩、声音来进行思维。"借助视频导入新课形象生动，直接引起学生的兴趣，将学生的注意力高度集中。结合同学们收集的钱塘江潮资料谈谈，大家觉得钱塘江大潮怎么样？那么作者眼里的钱塘江大潮又是怎样的呢？"天下奇观"在这里指潮来时的奇特景象，为什么把钱塘江的大潮称为天下奇观呢？快去读读课文吧。三分钟的开课设计，大潮的视频、教师适时的提问充分激发学生兴趣，激起学生学习的好奇心，让学生对文本有一睹为快的渴望。

兴趣是最好的老师。教师在导入环节，用视频从"趣"着眼，可以激发学生探究语言文字的浓厚兴趣，那美好的画面即将跟随文本走进学生的心灵。

二、品味语言，寓情于景，情趣漫心

课程标准指出：阅读是学生的个性化行为，不应以教师的分析来代替学生的阅读实践。应让学生在主动积极的思维和情感活动中，加深理解和体验，有所感悟和思考，受到情感熏陶，获得思想启迪，享受审美乐趣。在写景文章的课堂教学中，通过研读探究，引领学生去感受作品中生动的景象，去品味文中富有魅力的语言，这样才能让学生感受到语言强大的表现力和美妙的神韵。写景类文章不仅表达了作者丰富的情感，而且在遣词造句、语言表达上都颇具特色。教学中我们要抓住课文精妙之处，引领学生悉心品味，从一个个标点、一个个词语、一个个句子中去玩味。而这些目标的实施都需要以品读语言为核心，细嚼慢品，让景象通过语言文字刻印在学生心田，使学生与作者产生情感共鸣，感受到美的景致、美的情感，同时得到语言智慧的启迪，从而陶冶情趣。

（一）品文激趣

《观潮》一课，写潮来时的景象，先写潮声的奇趣，未见其潮，先闻其声。学生通过学着模拟发出"隆隆的响声"，再听"闷雷滚动"的声音，感受到大潮先声夺人的"奇"。以至于学生作为读者和文中的人们一样对大潮的到来充满期待，在充满感情的朗读中再现这一场景的新奇有趣。接下来，作者写到"过了一会儿，响声越来越大，只见东边水天相接的地方，出现了一条白线，人群又沸腾起来"。

师：一会儿的工夫就出现了一条白线的潮，人群又沸腾起来。此时你是观潮人，你会怎么做？

生：我会用相机把它拍下来，留作永久的纪念；我还会大声告诉别人潮来啦。

生：我想把潮来时的景象拍成一个短视频，有时间就欣赏欣赏，把它印在我的脑海里。

生：我会把潮来的景象写下来，给我的爷爷奶奶看。

师：我也想这样做。大家随着观潮的人群情不自禁地喊："潮来了，快来看啦！"你们的嘴巴发出的欢呼声、叫喊声，就像热锅里翻滚的水，这就是"沸腾"，也是成语人声鼎沸的意思。刚才大家读书的时候，声音特别的高亢，咱们就把这种看到潮来时激动、兴奋的心情给读出来。（指名学生朗读。）

师：一条白线的潮终于出现了，人们多高兴啊！谁还想来读？人群又沸腾起来了，声音可以再大一点，语气再激昂些！好，你再来试试。像这样咱们齐读这一句。

通过设身处地地想象和创设一定的情境，学生学习朗读品味语言的兴趣高涨，对"沸腾"一词理解到位，体味到大潮这一景象的"奇"，感受到语言文字独特的妙趣所在。

（二）披文入情

小学教材写景的文章，都不是单纯的为写景而写景，而是作者借助景物描写，通过各种写作手法表现景物的趣与美等，抒发自己的思想感情。作者在《观潮》中描写"潮来时"变化之快、变化之大的"奇"，由"一条白线"变化成"一堵两丈多高的白色城墙"，最后"犹如千万匹白色战马齐头并进，浩浩荡荡地飞奔而来"。在细品慢研中，语言文字不再是平躺在书上，而是站立起来，形成电影中蒙太奇般的效果。大潮给予学生强烈的视觉冲击，形成一幅幅画卷展现在读者面前，这样奇特的景致让学生真实体悟到"天下奇观"的真正内涵。

教师让学生体会，"那条白线很快地向我们移来，逐渐拉长，变粗，横贯江面"一句中，哪个词最能体现大潮的"奇"？学生回答是"横贯"。教师又让学生理解"横贯"一词，学生边做动作边回答是"横着通过"，体会重点词语"横贯"想象画面，分组朗读表现潮水飞奔而来时的变化之快，接着感悟大潮的神奇——"再近些只见白浪翻滚，形成一堵两丈多高的白色城墙"。

师：大潮就这样翻滚而来，这样的画面出现在你的面前。两丈多高？到底有多高呢？一丈大约 3.33 米，两丈多高有两层楼那么高呢！这样的潮从江面涌过来，谁让这样的白色城墙立在我们的眼前呢？（学生被这样壮观的画面所折服，深受震撼！声情并茂开始朗读。）

师：多高啊，白色城墙的大潮啊！读得太形象了！谁还想来读？我们一起来读，再现这样雄伟、壮观的画面。

紧扣重点词句，再现宏伟景象，凸显大潮奔腾之奇趣，富有感情地朗读表达赞美自然的美好感情。

（三）情景交融

近代学者王国维说："不知一切景语，皆情语也。景语中含蓄情感，情语中映衬着景物，关键在于真景物，真感情。"课改倡导学生直接和文本对话。所以，在写景文章的教学实践中，教师要根植语言文字的土壤，用"情语"去解读"景语"，让学生通过语言文字再现"真景物"，体悟"真情感"，真正领悟到情景交融的情趣美。在感悟学习"万马奔腾"的大潮之奇时，笔者指导学生比较两个句子哪一句描写得更生动：①浪潮越来越近，犹如白色战马飞奔而来。②浪潮越来越近，犹如千万匹白色战马齐头并进，浩浩荡荡地飞奔而来。学生通过有感情朗读，与文本深入对话，畅谈体会。

生：我觉得第②句更加形象，因为它描写得更加具体，更加生动。"浩浩荡荡"形容大潮声势浩大，更加突出了大潮的雄伟壮观。

师：能抓住一个重点词来谈你的理解和感悟，这个学习方法好！

生：飞奔，形容大潮来得特别快，特别猛。

生："千万匹"这个词形容奔来的白色战马特别多，而且还是"千万匹白色战马"，浪潮气势雄伟。

师：战马和一般的马有什么不一样？

生：战马比普通的马要壮，套有铠甲。这样的千万匹战马都冲来啦，感觉到许多兵马冲过来，很有力量。这浪潮非常得雄伟壮观。

生：还有一个词"齐头并进"，说明这千万匹白色战马是一起来的，像一条白线、一面墙一样，笔直冲过来，那气势简直太吓人了。

师：那气势那声音，就像山都裂开了，地也崩裂了，这就是——山崩地裂。来，咱们把自己的体会给读出来。谁来读一读，听他读的时候，你仿佛看到了什么？听到了什么呢？（积累语言，发挥想象。）谁再读这句话，再现当时的画面，想象当时的情景，感受大潮雄伟的气势。（学生深情朗读。）我们一起来通过齐读欣赏这样的"天下奇观"……想去看看吗？欣赏钱塘江大潮的视频。

这时候学生的欣赏是带着赞美，带着敬畏之心，并且全情投入的。的确，写景类文章，就应当紧扣其"景"，引领学生沉进文本中，反复诵读、品味，既关注作者写"景"的表达形式、方法，又让学生在情景交融的语言文字中感受那迷人的自然风光，和作者一起领略美好的情感。一切景语皆情语。

三、积累运用，激扬文字，拓展情趣

"语文教学就要从一个个词语、一个个句子开始构建或更新学生的言语世界，与此同时构建或更新学生的人文世界。"（王尚文语）写景文文辞皆美，其教学可以在推敲琢磨中加强积累，学生在美文的熏陶中学语言、用语言，陶冶情操，提炼精神，升华人格。教学写景文，教师的语言要具有绘声绘色的形象性、达意及情的准确性，富有鼓动人心的感染力。如下例，教师的引导与总结、身体力行给予了学生积累运用文字的良好示范。

师：（学生欣赏完汹涌而来的大潮）刚才有人"哇"什么呀？

生：我感觉大潮好厉害呀！来的速度好快，简直可以和汽车媲美呀。

生：我觉得大潮撞到了那个岸边，撞到了一些物体上面，发出了很响的声音，太壮观了。

生：我觉得大潮有一种势不可当的气势，大自然的景致简直太迷人了。

生：我想起了写大潮的诗句"八月涛声吼地来，头高数丈触山回"。

师：你们谈得太好了！刚才还有同学产生了对自然的敬畏心理。的确，自然就是一幅美妙的图画，自然的美不是我们所能测量的，不是眼睛能观察到的。但这种奇异的美，会深深印在我们的脑海中。潮头越来越高，声音越来越响，气势越来越强，让我们绘声绘色地一起来读一读（生读书）。

师：你觉得作者是按照什么样的顺序来观察的呢？的确是这样按照从远到近的顺序，作者抓住了大潮声音、样子的特点，通过生动形象的比喻，再次描绘了雄伟壮观的大潮，让我们叹为观止。我们仿佛也来到了钱塘江边，如临其境，如闻其声，如见其景，我们也似乎如影随形，如痴如醉了。让我们再现这样的情景，一起来读，读出节奏感来，再现这样激情的画面。

"两石相激，迸生火花。"课堂上师生、文本情感的碰撞交融，可以使课堂掀起如诗如画的情感高潮，师生一起享受到"高峰体验"。教师充满激情的语言，可以调动学生的激情。在入情入境的总结中，学生情不自禁地读诗诵诗，积累拓展语言，升华对自然的赞颂之情。

写景文重在积累，"实"在运用，激扬美景美情美文，拓展运用语言文字，感受别样情趣。最后环节，还可以创设小导游介绍钱塘江大潮的交际场景。先试着写一写自己听到的或者看到的情景，也可以写一首诗。然后带上导游证持证上岗，按一定的顺序给大家介绍。这样不仅能使学生对积累的语言有效地运用，而且提升了学生交际的语言素养、文明素养，使文本语言转化为交际语言，使学生的语文学习还原生活、服务生活，写景文的教学也更加富有情趣。

总之，写景文章的教学，重在学习语言、积累语言，创造性地与文本对话，在对话中创境悟趣，在激趣中感悟作者真挚的情感，领略独特而美好的思想，真正让学生做到知、情、意、行的和谐统一发展，全面提升学生的语文素养。

让学习可见

——以小学古诗文教学为例

吴丽明

古诗文是中国传统文化的瑰宝,部编版小学语文教材从一年级上册就开始收录古诗,三年级上册开始收录小古文,并且明显增大了古诗文的"量",非常明显地在引导学生从小亲近中国传统文化方面增强了力度。一直以来,小学古诗文教学的"法"与"度"是教师们经常探讨的一个主题。我个人也在这方面有一定的困惑。我观摩了很多课例,学习了很多小学古诗文教学的方法,但最终好像还是落入了"读——讲——背"的俗套,本质上还是教师单方面机械输入的模式。

简而言之,古诗文的学习,需要可见。"可见"具有两层含义:在教学古诗文的过程中,一是要让教师看得见学生的学,教师始终知道自己的作用;二是要让学生看得见教师的教,学生逐渐在古诗文学习方面成为自己的老师。

重视三个问题:我要去哪里?我如何到达那里?下一步去哪里?让反馈可见。

古诗文教学到哪里去?即教学目标定到一个什么"度"。古诗文有着精致的语言形式,有着深厚的人文内涵。在小学阶段,古诗从一年级开始出现,文言文从三年级开始出现。要想让古诗文的学习可见,我们必须清楚以下几点:古诗文在部编版语文教材中的编排体系是怎样的?每一堂课、一个学期、一个学段学习之后要达到的成功标准是什么?我们如何让学生知道自己在古诗文学习中的意图和评判自己的学习是否成功。

清楚了古诗文教学朝哪方面发展之后，我们要研究如何到达那里。在古诗文学习中，教师如何给出有效的反馈？学生能否及时接收到反馈？这是"可见学习"的难点所在。有效的反馈应该及时，针对学生个人，指向学生所处的学习位置，并能够为学生提供前进的信息，让每一个学生都在自己原有的基础上得到发展，都能"跳一跳，摘个桃"。古诗文的语言及创作背景与学生隔着时空距离，所以学生首先会从心理上有畏难情绪。在古诗文教学中，要通过形成具有一定规范且包容错误的课堂氛围，让学生学会倾听，在理解同伴观点的基础上，给出对同伴观点的反馈以及反馈背后的支持性证据，这种反馈不仅有助于反馈发出者高阶思维的发展，更有助于反馈接受者理解反馈，意识到自身学习上的不足，进而有针对性地纠正自身的错误。

"下一步要到哪里去"是前两个问题的再次循环，这时先前的成功标准成了学生学习的起点，在这一起点之上，我们将学生引向更深层次的理解，引向更多关于哪些被理解和哪些没有被理解的信息。在古诗文的学习中，是否能够成功地将学生从读正确、流利的基础上引向理解，从理解大意引向理解人文内涵，要基于我们对学生已有认知水平的把握。

以对话为主导，让学生的思维过程可见。以下是《芙蓉楼送辛渐》片段实录。

师：同学们学过或者读过的哪些诗歌的题目和这首诗题目形式相似？

生1：《晓出净慈寺送林子方》《黄鹤楼送孟浩然之广陵》。（师板书）

师：你发现了这几个诗题有什么相似点？

生1：都有送别，都点明了送别的地点和对象。

师：同学们，根据这首诗的诗题你们能否联想到主要情感？

生2：能，有可能是送别的不舍之情。

师：能肯定吗？

生3：不能肯定，具体抒发的是什么情感，还要去读诗歌内容。

师：你为什么会这样觉得？

生3：因为《晓出净慈寺送林子方》诗题是送别，实际上描写的是西湖美景，抒发的是对西湖风光的赞美之情。

师：老师觉得你们分析得非常有道理，接下来就请你们用自己喜欢的方式自由读诗歌，看看本诗是否写的是送别，主要抒发的又是什么情感。

生4：老师，这首诗前两句"寒雨连江夜入吴，平明送客楚山孤"写的就是送别。

师：的确如此。那就请同学们试着画出送别的路线图，并标出送别的时间。

如何让学生在诗歌学习中能够举一反三，学会自主鉴赏诗歌？能准确地判断诗歌题材非常重要。而这并不是教师一味地讲授就行的，单方面给学生输入了不代表学生能输出。教师如果单方面灌输，就不能掌握学生在理解这一类诗歌方面的能力起点，更看不见学生的学。《可见的学习》的一大主题就是改变课堂中听和说的比例，教师要减少讲授的比例，增加倾听的比例。在《芙蓉楼送辛渐》这堂课的教学中，我采用师生对话、生生对话的方式切入，学生在教师渗透式的引导下通过联系已学知识进行迁移，抓住诗题，自行对诗歌题材进行了判断，这种思维方式在对话过程中是可见的，非常清晰地让教师看到了学生的学，也非常有效地促进了学生的学。在以后的同题材诗歌鉴赏中，学生就可以尝试成为自己的老师。由此可见，一堂课以对话为主导，不仅能营造平等的课堂氛围，促进师生之间的高度信任，更能让学生在思维可见中获得自主学习的能力。

更多地以学生提问为主导，让学生的思考可见。以下是《自相矛盾》片段实录。

生1：老师，这篇小古文中"之"字出现了7次，我在之前学过的文言文中也发现了这个字经常出现。是不是这个字在古文中是个常用字？

师：你的发现太有价值了，咱们同桌之间讨论一下，看看你们是否有答案，或者关于这个字是否还有疑问。

生2：我觉得"之"在古文中就是个常用字，我读过鲁迅的一篇文章，叫《孔乙己》，里面的主人公就是满口的"之乎者也"，我查过资料，这个"之"字是文言里常用的一个字。

生3：那这个"之"字是什么意思呢？

生4：我预习时，推测这个"之"字应该解释为"的"。比如说"以子之矛"就解释为"用你的矛"。

生5：那课文中这7个"之"都解释为"的"吗？

生6：我觉得不是，比如"誉之曰"的"之"肯定不能解释为"的"。

师：非常棒，你提出了疑问。这是文中的第一个"之"，谁能发表下看法？

生7：四年级学《王戎不取道旁李》，文中就有"人问之"，这个"之"就解释为代词"他"。联系上下文，这个"誉之曰"的"之"应该是代词，解释为"他的盾"。

师：学以致用，你很会学习。

生7："吾盾之坚"和"吾矛之利"这两个句子形式一样，"之"字的用法也应该是一样的。但是解释为"的"的话，整个句子就翻译成"我的盾的坚固"和"我的矛的锋利"了，这样就不规范。

师：你很厉害，上升到句子理解了。你们能否试着把这个翻译后不规范的句子改正一下？

生8：我觉得可以翻译为"我的盾的坚固程度"。

小学阶段，文言文教学是启蒙阶段，以初步积累文言语感、初识文言常用字和大致了解一些古代文化常识为主要任务。在小古文教学中，如果由教师提问为主导，会出现很多低水平认知性的问题。同时，教师挑学生回答问题时，会下意识地甄别出知道答案和不知道答案的学生。请知道答案的同学作答往往是走输入式流程，请不知道答案的学生来作答，往往会为难学生。《自相矛盾》这篇小古文比较好懂，学生借助注释基本上都可以理解大意。所以我在教学这篇课文时，让学生思考，让学生提出问题。这样的教学一来减轻了学生的心理负担，回答同学问题时，他们不怕答错，同时也更有参与的兴趣，所以这堂课由学生提出问题后牵出了关于"之"字的一系列问题，学生的探究欲非常强，兴趣高涨，参与率非常高，我作为教师非常清楚地看见了学生的学，也非常清楚地知道了自己在学生的学中起的作用。同时，我也获得启发：文言文教学中，如何打好语文根基，以学生"问"促学，是一个很好的方式。这堂课，无论是学生，还是老师，都收获满满。

总之，小学古诗文教学不可落于窠臼，止步于背诵。我们要让学生在古诗文学习中去思考学什么，而不是等着教师教什么。在教学过程中，创造氛围，让学生主动呈现思维，敢于提出问题，这样的学习自然可见。

与名著深度对话，让经典浸润人生

——《红楼梦》深度阅读教学策略研究

王雪莲

　　"雅言传承文明，经典浸润人生"，近年来随着自上而下的名著阅读浪潮翻涌而来，回归传统文化、传承经典文明的呼声也愈来愈响亮。许多家庭都十分重视对儿童的国学启蒙教育，许多经典的文学作品也如"旧时王谢堂前燕"般，纷纷"飞入寻常百姓家"。同时，学校教育也将这一部分纳入日常教学的重要板块，以新编人教版五年级下册语文课本为例，第二单元就引入了我国四大名著中的经典篇目，分别是《草船借箭》（选自《三国演义》）、《景阳冈》（选自《水浒传》）、《猴王出世》（选自《西游记》）、《红楼春趣》（选自《红楼梦》）。在一般人看来比较晦涩难懂的四大名著竟然进入小学课本，一方面说明经典教育有提前的必要性，另一方面说明经典教育有提前的可行性。

　　以《红楼梦》为例，我从小学四年级开始对班里的学生进行阅读启蒙，包括指导阅读青少年版的《红楼梦》和组织读书分享会等活动，五年级下学期起正式带领他们阅读原著，虽说是摸着石头过河，但也取得了一些让人满意的成果。虽然只是小学高年级，我对他们的阅读要求却并未停留于诸如认识主要人物、厘清主要人物关系、了解大体故事情节、知晓人物性格和命运等浅层次的阅读目标，而是设置深层次的能力目标和具有挑战性的问题探究，发展他们的批判性思维能力，同时提升学生的文化审美力和移情共情力，让经典真正浸润到他们的思想灵魂深处。以下我将以日常的阅读教学经验为例，谈一谈对于经典名著《红楼梦》深度阅读策略研究的一些思考。

一、有计划地阅读，明确阅读任务

约翰·哈蒂在《可见的学习》中提出："有目标地学习分为两个部分，一个是弄清要从课堂中学到什么（学习目的），另一个是设法知道是否达成了所期望的学习（成功标准）。"同理，对于名著的整本书阅读也需要教师在充分了解学情的基础上，根据学生的理解层次和接受水平来制定明确的阅读任务和目标，并制定过程性实施步骤，以多样化的阅读任务来驱动学生进入阅读过程，这是符合"任务导向学习"的一般标准和规律。

（一）开展学情调查，确定阅读步调

六年级上学期伊始，我就通过问卷调查的方式对班里48名学生的《红楼梦》阅读情况进行了摸底调查，结果显示，有三分之一的同学（女生居多）已经开始了《红楼梦》的原著阅读，其中阅读完全书的有5名同学，剩下的正在进行当中。有将近四分之一的同学阅读的是青少年版本的《红楼梦》，其余的同学则完全没有接触过。而在阅读层次上，绝大多数同学进行的是浅层次的阅读体验，对文本也是似懂非懂、蜻蜓点水，印象不深，只有少数几个同学能清晰地复述原著内容并提出自己的见解。

（二）明确阅读任务，制订阅读计划

在充分了解学生对《红楼梦》的阅读情况后，我根据学生的阅读层次以人物为线索设计了九个阅读阶段，每一个阶段明确阅读的内容和所要达成的阅读目标，有步骤有计划地引导学生展开阅读。

第一个阶段：阅读第一回《甄士隐梦幻识通灵 贾雨村风尘怀闺秀》，了解故事的由来和林黛玉、贾宝玉的前世因缘，初步体会《红楼梦》的浪漫主义开头的艺术效果。

第二个阶段：阅读《贾夫人仙逝扬州城 冷子兴演说荣国府》，运用思维导图的方式按照辈分大小厘清人物关系，特别是贾宝玉、林黛玉、薛宝钗三者的关系。

第三个阶段：重点阅读"林黛玉进贾府"的相关情节，初步了解林黛玉小心谨慎的性格特点，通过阅读"宝黛初会""宝玉摔玉"等情节，初步了解贾宝玉叛逆不羁的个性。

第四个阶段：重点阅读"意绵绵静日玉生香""宝黛共读《西厢记》"等

章节，感受宝黛之间的心有灵犀和亲密无间，体会他们之间纯真无邪的感情。

第五个阶段：重点阅读"黛玉葬花""宝钗扑蝶""咏菊花诗""讽螃蟹咏"等情节，深入了解林黛玉的多愁善感和才华横溢，薛宝钗的端庄大方。

第六个阶段：重点阅读"晴雯撕扇""补孔雀裘"等情节，了解晴雯的灵巧和刚烈个性。

第七个阶段：重点阅读"史湘云醉卧芍药茵"和"史湘云芦雪庵吃鹿肉"等情节，感受人物宽宏豪爽的个性。

第八个阶段：重点阅读"王熙凤协理宁国府""王熙凤弄权铁槛寺"，感受人物的精明强干和贪婪狡诈。

第九个阶段：重点阅读"黛玉焚稿""抄检宁荣府""宝玉出家"等情节，感受人物和小说的悲剧色彩。

二、创设阅读画面，营造阅读情境

郭元祥教授在《U形学习、学习投入与课堂的画面感》一文中提出了"课堂的画面感"这个概念，他说："课堂的画面感是指学生在学习过程中基于知识理解产生的丰富想象和生动表征的一种学习状态，是学生理解新知识、加工新知识并获得知识意义的学习过程。"同时，学生在认知、情感态度、意志和个性上的投入也决定了阅读的收获大小和感受浅深。通过将文本内容转化成画面场景，并和学生的生活体验相连接，必定能激发学生的感情共鸣，增加学生的阅读投入。那具体有哪些策略呢？

（一）开展绘画创作，发挥再造想象力

《红楼梦》语言艺术十分丰富，尤其是对人物形象刻画和环境描绘可谓是精工细致、繁复至极，如何把抽象的语言符号变成具体可感的生动画面，就需要借助绘画的力量了。这既是对名著语言的再造，又是对学生想象力的有力训练。我给同学们布置了这样一个任务，选择以下选项中的一项进行绘画创作，要求忠实于原著。

任务一：根据《红楼梦》的描述，绘制一处大观园的风景（潇湘馆、怡红院、秋爽斋、芦雪庵、稻香村、沁芳桥等）。

任务二：根据书中的描绘，绘出林黛玉、贾宝玉、王熙凤三人中一位的肖像图。

（二）展开情境式表演，在模拟实践中激发情感共鸣

如果说绘画是对原著文本的静态想象和再造，那么情境式表演则是动态的模仿和还原，同时在人物性格的理解上对同学们提出了新的挑战，因为只有真正了解人物、吃透人物，才能在表演中生动地呈现出来，其实这就是演戏，十分考验演技。反过来，对人物的代入和对情境的再现也能在更大程度上引导学生投入文本所描绘的世界，加深学生对于文本的理解，从而进入一种身临其境的体验式阅读境界。因此，我找到了几个比较完整的剧本，如《林黛玉进贾府》《黛玉葬花》《宝黛共读〈西厢记〉》《晴雯撕扇》《刘姥姥三进大观园》《宝玉挨打》等，然后分小组分角色进行排练，最后利用每周的读书课进行展示，并评出最佳演员、最佳表演集体奖等。通过开展一系列的表演活动，最大限度地调动了同学们的阅读热情，取得了良好的效果。

（三）文本阅读和影视欣赏相结合，进一步增强沉浸式体验效果

小学生毕竟还是孩子，对视觉上的体验更加感兴趣，所以可以充分利用多媒体调动学生的阅读兴趣。对于《红楼梦》，我采用了书本阅读和影视剧欣赏结合的方式。首先布置下去阅读任务，如果完成较好的话就把相关章节的剧集放给大家看，这样学生既产生了强大的阅读动力，也在看电视剧的过程中复习了相关情节，还可以根据自己阅读时的理解来评论电视剧，达到了很好的效果。

比如为了引导学生更加深入地了解贾宝玉和林黛玉之间纯真懵懂的感情，我把"宝黛共读《西厢记》"的片段播放给同学们看。宝黛共读《西厢记》之所以成为经典，一方面是因为它发生在醉人的季节，有着唯美的画面，氤氲着醉人的情调，在很大程度上满足了人们的审美需求；另一方面，也是在于它对推动故事情节的发展有着巨大的作用，正是从共读《西厢记》开始，宝黛之间不仅有了情感上的共鸣，而且宝玉也开始了大胆的言语试探。因此在一定程度上可以说是宝黛情感关系的一个转折点，甚至可以说是一个升华点。但是如何让学生去体会，仅仅通过文本是难以达到的，还需要立体的画面和流动的人物。所以我采用阅读文本和观看影视剧结合的办法，让导演精心设计的背景环境和情节对话把同学们带入那个"落红成阵"的美丽午后，带到那对少男少女的身边，去聆听他们的真情对白，去感受他们的懵懂美好。

同时我还将文本与音乐相结合。《红楼梦》第五回《游幻境指迷十二钗 饮仙醪曲演红楼梦》中的金陵十二钗判词其实是人物命运的写照，我带同学们逐字理解后布置了背诵的任务。如果是按照传统的方式记忆的话十分困难，所以我干脆带领孩子们唱会了其中的很多曲段，如《枉凝眉》《聪明累》《晴雯歌》《叹香菱》等，同学们在优美感伤的旋律中不知不觉地熟悉了词曲。

（四）联结打通文本与学生的生活体验，激发共鸣和共情

在《红楼梦》第二十一回中有这样一个情节，史湘云来了并和林黛玉住在一起，贾宝玉玩到三更半夜不肯走，而且第二天一大清早就过来找她们俩，还让史湘云替他梳洗，袭人过来看到十分生气。关于这一段我和学生有过这样一段对话：

生：贾宝玉为什么这么贪玩呢？

师：同学们小的时候，甚至是现在，有没有去伙伴家玩然后不想回家的经历？

生：有的，但那是小时候，长大了就不会了。

师：是啊，只有没有长大的人才会这样，这恰好说明宝玉是拒绝长大的，他想一直做个长不大的孩子，所以在他眼里没有男女之别，他永远活得像一个天真无邪的孩子，所以才会有那些怪异的癖好。

生：袭人怎么那么小气，她犯得着为这么点小事生气吗？

师：同学们，小的时候你们恨不得天天跟在妈妈屁股后面，长大后妈妈让你们一起去参加她的朋友聚会，你还愿去吗？

生：当然不会，长大了我们不黏大人喜欢跟小伙伴玩了。

师：那你之前天天黏着妈妈，突然有一天你不愿意跟着妈妈一起玩了，妈妈的反应会是什么样的？

生：妈妈会突然觉得有点失落吧。

师：袭人的心情就是此时妈妈的心情，袭人扮演的是一个妈妈或者姐姐的角色，照顾好贾宝玉是她生命的所有，当突然有一天宝玉不需要她了，有别人代替了她的责任和工作，她自然十分失落甚至生气了。

名著文本本身其实是鲜活的，是另一个时空的人们所经历的悲喜，而打破这种时空界限，用学生当下的生活经验去理解和体会，更能获得情感上的共鸣。

三、设置阅读挑战，提升阅读能力

挑战是有效学习的核心因素之一，教学的艺术就在为学生制造适当的挑战。只有在学生看来任务具有适度的挑战性，并能够得到帮助度过初期难以掌控的部分，学生才会有所学。在《红楼梦》的阅读教学中，我对学生的阅读要求不局限于内容的了解和大体情节的把握，当然对于小学六年级的孩子也不能提出超出他们思维水平和情感体验的难题，我只是在他们可以接受的范围内设置适当的阅读挑战，提出开放性的问题，从而激发学生的探究欲，提升学生的批判性思维。比如下列问题。

（一）比较求异型

在薛宝钗的生日宴会上，王熙凤拿林黛玉比戏子，宝钗猜出不肯说，宝玉猜出不敢说，只有史湘云大声说出来像林黛玉，为什么面对同一件事情三个人会有不同的反应？试分析三人的心理和性格。

原来，宝钗不肯说是因为她知道林黛玉的敏感性子，不愿得罪林黛玉，反映了她沉稳的性格。宝玉不敢说是因为他爱惜林妹妹，担心林黛玉闹脾气不开心，甚至伤了身体，表现了贾宝玉的细心和对林黛玉的爱。史湘云之所以说出来源于她大大咧咧的性格，她向来心直口快，不藏心眼子。这个问题从细节处着手，抓住人物微妙的动作心理，展现了人物的不同性格特征，可以引导同学们通过细节把握人物心理的方法，在横向比较中很好地分析人物的性格。这种问题锻炼了同学们的求异思维，激发了他们对于人物的探究兴趣。

（二）一分为二型

王熙凤是《红楼梦》中的一个个性鲜明而复杂的人物，有人说"恨凤姐骂凤姐，不见凤姐想凤姐"，颇为读者所认同。你是怎么看待王熙凤这个人物形象的？

这个问题其实是引导学生学会用辩证的眼光一分为二地分析人物，《红楼梦》在人物形象塑造上的一个最大成功是作者笔下的人物几乎都是复杂多面的圆形人物。书中的大多数人都是既有优点又有缺点，有时候优缺点还可以互相转换。所以针对这个问题，我会先引导学生分析王熙凤身上的优点，比如协理宁国府时的精明能干、杀伐决断，讨好贾母时的八面玲珑，打趣宝黛时的机智幽默。然后让学生自己分析王熙凤的阴暗面，如对贾瑞毒设相思局时的阴险，害死尤二姐时的狡诈狠毒，弄权铁槛寺时的贪婪等。最后引导同学们综合分析，概括出王熙凤这样的"凤辣子"，其性格的核心就是一个"辣"，集泼辣（果敢干练）、酸辣（善妒吃醋）、毒辣（心狠手辣）、麻辣（用尽心机）于一身，是一个丰富立体的复杂形象。

（三）开放多元型

鲁迅先生说："一部《红楼梦》，经学家看见《易》，道学家看见淫，才子看见缠绵，革命家看见排满，流言家看见宫闱秘事。"《红楼梦》就如同一个万花筒，从不同的角度照出不同的世界。请结合自己的阅读体验和真实体会，选取一个角度，谈谈你从《红楼梦》这本书中看到了什么。

这个问题没有标准的答案，目的是引导同学们从儿童的视角去解读《红楼梦》这样的巨著。很多人觉得才十一二岁的小朋友无法真正深刻地读懂《红楼梦》，而我恰恰认为他们这个懵懂不谙世事的年纪是最能理解书中这群少男少女的心思的。孩子们不是老学究，所以不会用社会学的眼光、考证学的方法去解读《红楼梦》，更能以人类最初始的心态去解读这部意在表现人性的巨著。同学们的答案五花八门，有的说看到了"青梅竹马，两小无猜"，有的说看到了精美的服饰、精致的饮食，有的说看到了一群不想长大的孩子，有的说看到了无忧无虑、单纯美好的童年等。我觉得他们的答案非常真实和接近曹雪芹关于人性的表现。

（四）质疑批判型

全班学生自由分成宝钗组、黛玉组，围绕"宝钗和黛玉你更喜欢谁"进行自由辩论。各方收集整理相关的材料论据，组内讨论辩论策略，展开了一场激烈的自由辩论赛。秉承"不懈质疑、质疑有据"的原则，双方各陈其词，分条列举喜欢和不喜欢人物的理由。然后通过质疑对方观点，提出有力证据，选取某一个着重点进行反驳。如"黛玉组"抓住"宝钗组"思考问题世俗功利化的弱点，以现代社会的行为标准去要求古人的做法欠妥，不符合曹雪芹有关"人性"的基本要求来进行辩驳，取得了很好的驳斥效果。这场辩论赛不仅加深了大家对于人物的全面理解，还很好地锻炼了大家的批判思维。

四、培养阅读情趣，激发审美创造力

语文学科的核心素养之一是审美力，在语文教学中培养学生对美的事物、人物的欣赏力，提高学生对美的敏感度，同时通过发现美、研究美和创造美来促进学生的自我认知、自我觉醒和自我提升。《红楼梦》是一部丰富多彩的美学著作，无论是显化于外在的服饰之美、园林之美、舌尖之美、诗词之美，还是隐藏于内在的人性美、人情美、生命美和悲剧美，既可以养目，也可以怡情，在提升学生的审美力的同时又能够给予学生情感思想上的陶冶和升华。

（一）开展小组合作

学生开展小组合作，从《红楼梦》的服饰、园林、饮食、诗词、礼仪等方面选取一个展开美学探究，从书中整理相关材料，整合归纳特点，总结其包含的美学要素和文化内蕴，再用不同的形式演绎内化。

1. 服饰研究小组

可以归纳出不同人物的着装风格、同一人物在不同场合的着装要求、服装和人物身份地位的关系等，可以用绘画的形式画出一些人物的典型服装特色，进行对比展示，并研究服装与人物性格的关联性。如林黛玉的特点是素雅清新，以淡色为主，反映了其高洁傲岸的品行；王熙凤的特点是色彩鲜艳、繁复绮丽、珠光宝气，反映了其贪婪俗气的性格和豪门贵妇的身份；宝玉的特点是以红色为主调，高雅大气，表现了他"爱红"的毛病和器宇轩昂的公子风范。

2. 诗词研究小组

通过分析不同人物的诗作，解读出人物的不同性格和命运。如有的同学对第五回的每一首判词进行解析，并运用后面的材料进行举证，有的同学把"海棠诗社"中宝玉和黛玉的诗作进行比较阅读，这项活动既积累了丰富的诗词，又提升了同学们的诗词品鉴能力。

（二）开展专题讲座

对于《红楼梦》最富有意义的人性美和悲剧美，同学们研究起来有一定的困难，所以我计划的是采用听专家讲座和教师自己举办专题讲座的方式对同学们进行思想上的启迪和情感上的熏陶。在众多的专家解读中，我选择了蒋勋老师的，因为他的解读比较符合"人性"的标准，社会性的批判较少，考证的色彩较淡，比较符合十几岁孩子的心智特点。同时，我自己经过精心备课，结合蒋勋老师的解读为同学们举办了一系列专题讲座，如"黛玉葬花的悲剧美学""宝黛共读《西厢记》的灵魂之爱""晴雯撕扇的真性情""大观园——不愿长大的青春伊甸园"等。通过专家讲座和我自己的专题解读，引导同学们更加深入地理解和感受到《红楼梦》的人性之美和悲情之美，使他们结合自己的青春成长体验，自我反思、自我提升、自我升华。

五、结语

《红楼梦》的深度阅读教学研究，着眼于引导学生突破浅显的符号，与经典展开深度对话和交流，在充满画面感的情境中激起感情共鸣，发展批判思维，提升文化审美，完成自我认知、自我觉醒和自我觉悟的自我成长体验。这样的教学是有效、多元和立体的，也是需要不断试错和探索的，但最关键的是在教师、文本和学生三者之间架起一架彼此相通的桥梁，共同迈向深度阅读的理想之门。

参考文献：

［1］约翰·哈蒂.可见的学习（教师版）［M］.金莺莲，洪超，裴新宁，译.北京：科学教育出版社，2015.

［2］郭元祥.深度教学研究（第一辑）［M］.福州：福建教育出版社，2019.

小学语文作业设计应做到四个"可见"

叶建朋

对"可见学习"的研究表明：反馈是成功的教与学最常见的特征之一，对学生学习的平均效应量是学校教育效果的其他效应量的两倍，而作业是最基本、最常见的反馈途径。小学语文新课程标准强调：小学语文作业设计应该摒弃传统的教育观念，努力探索全新的发展模式，让作业成为学生把知识转化为能力的桥梁。长期以来，教师在作业的布置上，更多注重的是基础知识、基础技能的训练，忽略了课程标准的三个维度中"过程和方法，情感态度和价值观"的训练。小学语文新课程标准为我们指明了语文作业的设计理念，要更加关注其人文内涵和实践运用。因此，我们有必要依据新课改的要求，努力创新小学语文作业设计的发展模式，让作业成为学生把知识转化为能力的桥梁，成为孩子巩固知识、快乐实践、创新的园地。

一、突出内容，目的鲜明可见

作业设计要有目的性。教师要有明确的作业设计目标。课后作业设计是对学生的课堂知识学习的检查、巩固以及发展，其根本目的是提高学生的语文综合能力，应使其既顾及知识深化层面，又涵盖方法训练层面，还考虑到学生能力提高层面。鉴于此，教师在设计作业时，应该与本节课所属的课文、单元目标保持一致。例如，在教学部编版六年级上册《七律·长征》一课时，围绕单元要素"了解文章是怎样点面结合写场面的"和课后习题，我设计了这样的作业：①亲子或同桌分角色朗读课文；②向爸妈或同伴讲述长征的故事；③对毛主席的诗词进行分享、表演及评价。这样的作业设计既联系了本课的教学内容，让学生人人参与，又紧扣单元要素进行练习。让学生在轻松愉悦的氛围中学到知识，提高语文素养，还为本单元的另一语文要素"尝试运用点面结合的写法记一次活动"打下基础。

二、学以致用，动手实践可见

语文课程标准提倡学生积极探究、获取信息，创新知识，培养分析问题、解决问题的能力，并指出："语文是实践性很强的课程，应着重培养学生的语文实践能力。"实践性作业，能增强对于知识的应用，提高学生适应生活、解决问题的能力。设计实践性的语文作业，可以使学生在广阔的空间里学语文、用语文，丰富知识、提高能力。如教完部编版三年级下册第一单元习作《我的植物朋友》后，我给学生布置了一项特别的实践作业，养一盆凤仙花或其他植物，然后以日记或自然笔记的形式记录自己的观察。学生们兴趣很高，有的坚持以日记的形式观察植物发芽、开花、结果的过程，观察它们在不同天气、不同季节中的不同情况，并把他们自己在观察过程中的酸甜苦辣、喜怒哀乐一一记录下来；有的以自然笔记的方式，用图画和文字等形式生动记录自己种水仙花的过程以及过程中的难忘瞬间，仿佛在与水仙花进行一场心灵的对话。在这个过程中，孩子们非常投入地以手写、手绘，甚至以一些艺术化的形式，记录在养花过程中观察到的世界，体验养花的乐趣，在体验中获得对自然的热爱和尊重。这种情形下的作业，会因更多实践体验的介入而更加厚重，更加富有生活气息，同时学生在观察实践中获得直接的经验和第一手资料，也增强了动手能力和观察能力。最重要的是，学生在栽种植物的过程中，付出了劳动和汗水，对所养的植物倾注了自己美好的感情，把它们当成自己的朋友，自身也有了更丰富真实的情感体验。这样，写起作文来就更得心应手。

三、尊重差异，分层有序可见

在设计小学语文作业时，一定要重视学生的个体差异，体现学生的主体地位，使作业有一定的层次，便于学生自主选择练习的量度和难度，给不同层次的学生留下适合自己的发挥空间，使不同层次的学生都能在原有的基础上有所收获。如学完部编版六年级上册《竹节人》第一课后，我设计了三个层次的作业（图3-1）：①让自己的爸爸妈妈讲讲他们小时候的玩具（人人完成）；②收集传统玩具的有关信息，并做一个小小研究，弄清传统玩具和现代玩具谁更受欢迎（自由组合小组，合作完成）；③自己动手制作一个玩具（自主选择完成）。

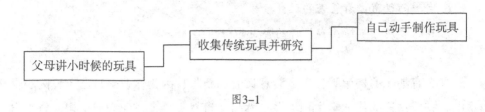

图3-1

上面三个层次作业的分量、难度适宜，选择自主，同学们都乐于完成。第一个层次的作业听自己的父母讲小时候的玩具，同学们很感兴趣，也增强了亲子间的交流，增进了亲子间的感情；第二个层次的作业提高了难度，主要训练学生在生活中学会收集有用的信息和培养合作探究的学习能力；第三个层次的作业难度最大，要学生们自己动手制作，考虑到学生动手能力的差异，让他们自主选择完成。这样，不同层次的学生完成作业不再有难度，这无疑激发了学生完成作业的乐趣。学生在完成不同作业的过程中，培养了动手、动脑、想象、思维等方面的能力，都有自己独特的收获，体验到各自不同的喜悦。

四、开放创新，自主多样可见

学生是完成作业的主体，每个学生都是独一无二的个体。语文课程应该是开放而富有创新活力的，要尽可能满足不同学生。教师布置语文作业在考虑共性的同时，也要兼顾学生的个性，使它成为学生个性发展的园地。教师可以从实际出发，以作业形式上追求活泼多样，内容上体现个性化、生活化和社会化的作业设计，让学生用眼去发现，用手去创造，用脑去思索，用心去体会，快乐地完成各项作业，甚至可以放手让学生自主地设计一些作业。让学生自己布置作业，尊重了学生的主体性，更能激发学生做作业的兴趣。如学完部编版六年级上册《竹节人》第二课后，我布置了一项拓展作业：让学生自己设计一项与学习内容相关的有意义的作业，形式不限。作业一提出，学生们的热情高涨，兴趣很浓。第二天，一项项有趣、有意义的作业让我收获了很多的惊喜。

1. 小调查：传统玩具的前世今生。

2. 亲子故事：听妈妈讲那玩具的事。

3. 我和爸爸的"战争"：现代玩具PK传统玩具。

4. 神奇的画：看我（弹弓）72变。

5. 谁说女子不如男：我和爸爸的跳绳比赛。

6. 宝藏的秘密：看爸爸的玩具珍藏。

7. 我的梦想你不懂：我设计的会飞的竹蜻蜓。

……

多么有趣味的构想呀！多么有意义的创新呀！因为作业是自己布置的、喜欢的，完成这样的作业学生积极性自然高，自然不会把作业当成负担。学生自己选择、主动探究、勇敢体验，自主地学、自觉地做，学习效率自然要高。学生在自主学习、自主探究的过程中，对学习的问题就会有一定深度的思考和研究，多方面的能力和技能都会有所提高。自主性作业给不同个性的学生提供了一个展示自我的机会，让学生真正成为学习的主动者、探索者和成功者。当然"自主"并不代表放纵，学生自主设计作业，可能会给某些学生偷懒的机会，因此教师要特别加强指导和监督，对于不够自觉的学生，还是要采取一定的强制手段，不能放任自流。

作业是反馈教学效果的重要手段，也是师生之间的书面对话、情感交流。总之，教师设计的作业应努力做到四个可见，努力拓宽语文学习和运用的领域，使学生在不同内容和方法的相互交叉、渗透和整合中开阔视野，提高学习效率，初步获得现代社会所需要的语文素养。

参考文献：

［1］约翰·哈蒂.可见的学习（教师版）［M］.金莺莲，洪超，裴新宁，译.北京：教育科学出版社，2015.

［2］王月芬，张新宇，等.透析作业：基于30000份数据的研究［M］.上海：华东师范大学出版社，2014.

［3］方臻，夏雪梅.作业设计——基于学生心理机制的学习反馈［M］.北京：教育科学出版社，2014.

［4］肖川.名师作业设计经验（语文卷）［M］.北京：教育科学出版社，2007.

基于"可见学习"的小学语文
教学优化策略及途径

叶建朋

语文课程标准明确指出：小学语文教学应充分发挥师生双方在教学中的主动性和创造性。学生是语文学习的主体，教师是学习活动的组织者和引导者。语文教学应在师生平等对话的过程中进行。无独有偶，现任澳大利亚墨尔本教育研究所主任约翰·哈蒂教授及其团队使用元分析的方法整理自20世纪70年代以来国际上关于教与学研究的主要成果，对迄今为止已经发现的、可能影响学习的因素按照效应量的大小进行了排序，并对这些因素及其影响逐一进行了分析和总结，提出了一个很重要的观点：教与学的过程及结果对于教师和学生而言都应该是清晰可见的，当"可见"发生时，对学生学习产生的效应最大。因此，在小学语文教学中，我们可以从以下三个方面优化语文教学策略及途径，不断提高语文教学效率。

一、巧设情境，激发兴趣，学习的带入明确可见

教学是教师有目的、有计划地指导学生进行学习和促进学生身心素质发展的教育活动，是教师"教"和学生"学"相统一的特殊的认识和实践活动。小学语文教学也应遵循学生认知发展的基本规律。小学生呈现出多变性、直觉性、不连续性和不确定性的无意注意特征，容易被带有特定情境的刺激所吸引。因此，在语文教学中巧设情境是激发学生学习兴趣的一种有效策略。创设情境就是通过创设与教学内容相关的情境，让教学进入情感领域，激发起学生

的兴趣，并凭借情境，把学生的注意力很快带入语文的学习中。如部编版小学语文第十一册第12课《桥》的教学导入。我首先出示了各式各样桥的图片。看着一座座造型各异、建筑独特的桥，同学们心里顿时有点儿奇怪：老师怎么让我们看这么多桥的图片？接着我出示一座小小的、窄窄的木桥的图片，这时，同学们心里更好奇了，这座小木桥又是怎么回事？此时，同学们心里越奇怪越能更快进入我精心营造的桥的氛围中。配着舒缓的音乐，我迅速抛出一个更大的疑问：就是这样一座窄窄的木桥，有一位老人却用它拯救了成百上千人的性命，这究竟是怎么一回事儿呢？这个问题顿时让学生产生了强烈的好奇：这位老人是谁？他怎么用小木桥救了成百个人的命？到底发生了什么事？……这一系列的疑问激发了学生学习的兴趣，他们将自己的关注点聚焦到文本的学习上，很快进入学习的情境中。小学语文课前导入环节激发学生学习兴趣的方式有很多，如小游戏、谜语、儿歌、故事、特定情境、巧设悬念等。不管选择哪种方式，都要和当前的语文学习紧密结合，使学生对即将学习的内容有强烈的求知欲望，自觉地去完成既定的教学目标，使情、知交融达到最佳的状态。

二、合作探究，策略精准，思维的生成全程可见

语文课程标准强调：学生是学习的主体。语文课程必须关注个体差异和不同的学习需求，积极倡导自主、合作、探究的学习方式。教师教学内容的确定，教学方法的选择，评价方式的设计，都应有助于这种学习方式的形成。在教学时，教师要讲究策略，首先，要重视课堂氛围，应该是公正平等的，师生之间高度信任。其次，语文教学活动以对话为主导，要尽量让学生提出问题，积极与学生对话。最后，教师要利用同伴的力量开展探究学习、合作学习、竞争学习以及学生之间的指导，充分让学生的学习方式清晰可见，实现学生的思维从表层理解到深层理解再到概念理解的升级，让学生思维的生成全程可见。这样，教师既掌握了学生学习活动不同方面的进展情况，又能准确认识到每个学生的反应所体现的认知水平，真正做到学生的学习过程对教师来说是可见的。

小学语文课程还应特别关注汉语言文字的特点对学生识字写字、阅读、写作、口语交际和思维发展等方面的影响，在教学中尤其要重视培养良好的语感和整体把握的能力。注重读书、积累和感悟，使学生在不同内容和方法的相互

交叉、渗透和整合中开阔视野，提高学习效率，初步获得现代社会所需要的语文素养。这些都离不开学生思维的参与，也离不开教师向学生提供有水平的教学，从而让教师的教学过程对学生来说是可见的。这样真正做到教和学的双方可见。下面是教学部编版小学语文第十二册第12课《为人民服务》第四自然段时我班学生的思维生成过程（图3-2）。

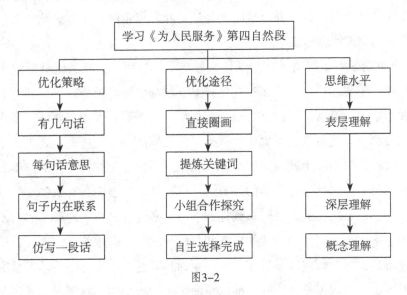

图3-2

这部分教学，我让同学们先读书，在此基础上，我设计了三个思维层面的任务。第一个任务相对简单，属于表层理解，学生很容易回答；第二个任务很难，需要学生结合已有知识经验进行深入分析归纳，属于深层理解，学生回答有一定难度。第三个任务最难，需要学生在深层理解的基础上进一步发散思维，并将其转化为具体的思维成果，属于概念性理解。当学生思考第二个问题感到为难时，我及时转变教学的策略，为学生提供帮助，以减轻理解的难度。我让他们分小组合作探究，并明确提出要求：先说说自己的想法，再听听别人的意见。在自我理解的基础上珍惜他人的想法，自我归纳得出正确的结论。这一过程中，学生通过抓关键句，提取关键词语，归纳句与句之间的内在逻辑联系等方式，思维不断发生变化，从表层理解进展到深层理解。最后，根据学生学习的个体差异，我让学生自主选择地完成第三个任务，进一步促进一部分学生达到表层理解和深层理解之间的平衡，从而导向概念性理解，思维生成的全部过程清晰可见。这样就扎实提高了学习效率，优化了教与学的质量。

三、及时反馈，多元评价，教学的相长客观可见

反馈是成功的教与学最常见的特征之一。《可见的学习》认为，反馈是学生学习最强效的调解变量之一，反馈的目的在于缩短学生当前或先前成就与成功标准之间的差距。因此，为了做出有效的反馈，教师必须充分理解学生所处的水平和要达到的目标，并且清晰地将这一状况展示给学生，如此才能帮助学生从自身当前成就到达成功点。

《可见的学习》指出，在小学语文教与学的过程中，要紧密针对三个问题提供反馈：①我的目标是什么？这意味着，教师要清楚地知道这节课的教学目标，并与学生交流这些目标，这也是前面所讲的新课导入的重要性。②在实现目标的过程中，我应该怎样去做？取得了什么样的进步？这就正式进入了新课的教学过程，也是师生教与学的全程可见的过程。③为获得更大的进步，我需要怎样的努力？这是学习反馈的环节。"可见学习"强调，有效的小学语文教学，教与学需要从任务本身转移到任务学习中必要的过程和理解，然后不断调节任务水平，投入更具挑战性的任务和目标。其中最有效的反馈途径是即时形成性评价，比如教师在教学过程中对学生回答问题、小组交流等学习情况做出的即时评价。它能很好地让师生准确全面了解教与学的实际情况，并以此决定教学的下一步。《可见的学习》指出：当即时形成性评价实践和教师每一天、每一分钟的课堂教学活动整合在一起的时候，就会大幅度提升学生成就——以70%～80%的幅度提高学生学习的速度。因此，教师要重视在教学中对学生的即时评价（详见下面的例子），重视在这一过程中评价反馈的信息，并将这些情况整合来促进我们的教学。

我们还要重视对学生学习的多元评价。评价的根本目的是促进学生学习，改善教师教学。语文课程标准强调：语文课程评价应准确反映学生的学习水平和学习状况，充分发挥语文课程评价的多重功能，注重评价主体的多元与互动，突出语文课程评价的整体性和综合性。因此，我们在语文实际教学中，要根据学生的学习特点，按照学习目标，抓住关键，突出重点，采用合适方式，提高评价效率。如林莘老师执教部编版六年级下册《为人民服务》第二段教学片段：

师：主席用了引用名言、对比的方法之后，还用了什么方法证明自己的观点？

生：举例子。

师：举谁的例子？

生：张思德的例子。

师：读出这句话。

生：（齐读）

师：毛主席为什么给张思德这么高的评价，他到底是什么样的人？平时又是怎么为人民服务的呢？由于你们太小对他不了解，老师特意在两个小时的影片中剪辑了两分钟的镜头，请同学们好好地看看！想想哪个镜头深深地打动了你？（播放剪辑片段，教师穿插解说）

师：张思德一生都在跑，风里跑，雨里跑，他跑去干什么呢？送水、送信、送轮胎，这又是去干什么？

生：追猪。

师：唱歌，干活，烧炭，他紧紧抱着的这个孩子啊，在战火中失去父母，成了孤儿，患上了严重的自闭症，从此不和别人说一句话，但是最后呢？（播放孤儿表演节目后兴奋地喊他"爸爸"的感人画面）

生：（会心地笑）

师：这哭着的哑巴老头儿不是他的父亲，但最后老头儿却把张思德当作了亲儿子，请注意这样的细节——（播放他为老人找老花镜、戴老花镜，老人喜极而泣的镜头）

师：怎么样？见着张思德了，说说哪个镜头深深地打动了你？

生1：最喜欢跳下河去追猪的镜头（全场笑），他跳下水想都不想，很可能会送命的。

生2：我喜欢抱孩子的镜头。孤儿内心寂寞、孤独，但张思德却无微不至地关心他，温暖他孤独寂寞的心，他真是一个好爸爸。

师：哇！你真的走进了张思德的心里！是啊，他还没结婚，如果结婚肯定是最好的爸爸。

生3：我也喜欢他追猪的镜头，他跳下水，那可是有生命危险的，可他为了老百姓的利益，毫不犹豫、奋不顾身，连命都不要了。

生4：我喜欢张思德帮助哑巴老头的镜头，有一个细节，是张思德为老人戴眼镜，从这一动作中，可以看出张思德饱含深情、细致周到，充满了对老人深深的爱。

生5：我喜欢他不停奔跑的镜头，因为这一平平常常的动作，说明他一生都在不停地为人民服务。

师：你体会出张思德对人民的深厚情感。说得好，值得表扬！张思德就是这样一个一生都在为人民服务的人。同学们，一个个精彩的镜头，就是一个个典型的事例！刚才你们在说镜头，其实就是在举例子（师再指板书：举例）。从一个个具体的事例中，我们知道了什么才是真正的——（生接答：为人民服务），什么才是实实在在的——（生接答：为人民服务）。所以平时我们要说明难懂的道理，可以用——（生接答：举例）；要说明抽象的事物，可以用——（生接答：举例）；要打动人心，还是可以用——（生接答：举例）。所以，举例是证明观点的妙招啊！

现在的同学对张思德很陌生，为了让张思德的形象丰满、生动起来，林老师让学生充分感受张思德全心全意为人民服务的精神，对学生的每次发言给予即时评价，这样，一个可亲、可爱、可敬、可感的张思德走进了每一个学生的心中，自然而然地起到了润物细无声的教育效果。此外，学生在说镜头，从不同的方面评价张思德，从多元的角度阐释对语文材料的感受和理解，融入了自己的情感和价值观，体现了语文教学对学生思想情感所起的熏陶作用。同时，在这个过程中，教师、文本、情感、生活等对学生多元的评价尊重了学生在语文学习过程中的独特体验和个体感受，让师生教与学的相长真的做到客观可见，极大提升了学习效率。

参考文献：

［1］约翰·哈蒂.可见的学习［M］.北京：教育科学出版社，2018.

［2］崔允漷.学校课程实施过程质量评估［M］.上海：华东师范大学出版社，2017.

［3］（美）韦伯.怎样评价学生才有效——促进学习的多元化评价策略［M］.北京：中国轻工业出版社，2016.

［4］伊恩·古德费洛等.深度学习［M］.北京：人民邮电出版社，2021.

对学习过程中"错误"的重新认识
——创设公正的、共情的和值得信赖的课堂氛围

王俊

一、何为"错误"

百度百科上对"错误"是这么解释的：①不正确；与客观实际不符。②不正确的认识、行为、动作等。③过错；耽误。

人们一提到"错误"，往往想到的是不好的、不正确的言行，它的出现会让人难堪、失望、后悔，是我们应该极力避免出现的。如果人的一生不犯什么错误，那该多顺啊，伴随而来的是一路的鲜花和掌声，多么令人羡慕！

二、学习中"害怕犯错"

从我们记事开始，家长就在不断告诉我们，何为正确与不正确的言和行。做对了，得到的是表扬、奖励；做错了，受到的是批评、惩罚。孩子们在表扬、奖励与批评、惩罚中慢慢长大成为一名6岁的学龄儿童，"少犯错误，甚至不犯错误"已经通过无数次的无意识训练深深地嵌入了他们大脑皮层深处。

孩子们从一年级开始进入课堂学习，在课堂上，学生"害怕说错，害怕做错"，害怕犯错成了多数学生最担心的问题。面对教师提出的问题，没有十足的把握，绝不举手，哪怕被教师点名站起来，也绝不开口。不开口总比答错了受教师批评，受同伴轻视、讥讽和嘲笑好许多倍。于是，课堂教学成了教师的主战场，教师是学科内容的主人，是学习速度和顺序的掌控者。少数学生的参与也只是对教师要求表示服从和做出回应，大多数的师生互动好似打乒乓球一

样，从教师到学生再到教师反复来回。这样的课堂学习，是被动的，是了无生趣的，违背了学习本质。

三、学习中"欢迎错误"

通过认真阅读《可见的学习》一书，我不断意识到学习中的"错误"是多么可贵。哈蒂教授及其团队通过综合900余项元分析发现，反馈在学生没有熟练掌握或未掌握的时候最有效，因此反馈在有错误或没有完全认知和理解的情况下是最成功的。学习中出现的错误是令人激动的，它指明了我们当前已知的和我们能知的之间存在的张力，标志着学习的机遇，学习中的错误需要被教师和同学接纳。

在学习的过程中出现错误，不应该被视为难堪的事情，失败的象征或某种需要避免的事，而应该成为受欢迎的事！我们需要有公正的、共情的和值得信赖的课堂氛围，在这样一个课堂氛围里，无论是承认错误，或者是承认无知，教师、同学对此都不会表现出轻视、嘲笑、批评，而是会欢迎、包容、理解和帮助。

四、创设公正的、共情的和值得信赖的课堂氛围

我们关心课堂氛围，但往往会忘记建立这种充满温暖、信赖与共情的氛围到底是为了什么。我们的首要目的是让学生感到犯错误，"不知道"，都是没有问题的。我们教师就是要建立一个将错误视为机遇的氛围，使学习在错误中得以生长。教师的根本作用在于找出错误概念、错误理解和缺乏的知识。尽管教师也许有温暖的人际互动，但这不是重点所在，重点是学生是否认为课堂氛围是公正的，共情的和值得信赖的，能否及时指出他们的不知和不理解，会不会遭到同学的讥讽、轻视和嘲笑。同伴的力量是有说服力的，而建立适当的课堂氛围，在很大程度上就是建立欢迎错误并从中学习的安全港湾。

（一）用爱相伴，用心沟通

要想创设公正的、共情的和值得信赖的课堂氛围，作为教师首先就要热爱每一位学生，平等地对待每一位学生。

我深深地懂得教育的秘诀就是"爱"。爱是阳光，能融化冰雪；爱是春雨，能滋生万物；爱是桥梁，能沟通师生的心灵。每一个孩子都有一颗稚嫩的

心灵，每一个孩子都需要关爱。我认为热爱学生最重要的就是全身心地接纳他，包括他的一切，从外貌到心灵，并且要承认孩子之间是有差异的。一个人的成长受遗传、环境、教育等因素的影响，而每个人的遗传、家庭环境、家长的教育程度又是不一样的，因此人与人是不同的，是有差异的，也是不能比的。老师要善于从点点滴滴中发现每个学生的闪光点，并且视同至宝，精心呵护与引导。我现在所带的班级有51名学生，极富个性。在学校，我从不用统一的标准来要求他们。有的孩子动手能力强，有的孩子能写一手好字，有的孩子书读得好，有的孩子对人热情、爱帮助人，有的孩子会思考问题、爱动脑筋……在课堂上，每个孩子都会得到教师的表扬。作为他们的教师，我平等地对待每一个孩子，让每一个孩子都在爱的氛围中快乐地学习、生活。

学生不用担心在学习过程中会犯错误，教师的爱会包容一切，从入校的第一天起教师就要在学生幼小的心灵中树立"不要怕犯错，任何人都是在错误中成长起来"的观念。错误是学习的实质，它是将已知的东西进行概念重构，从而获取新理解的过程。

当学生在课堂上能感受到足够的尊重，足够的安全，他们就能畅所欲言地把自己的所想所思表达出来，展示自己不知道的地方，将自己的学习过程让教师和同学"可见"，教师和同学才能及时给予反馈，教师还可根据学生"可见"的学习过程，来不断调整教学过程，只有这样教师才能提高教学效率，让学生真正有所得。

（二）耐心倾听，真诚帮助

要想创设公正的、共情的和值得信赖的课堂氛围，作为教师要学会耐心地倾听，走进学生的心灵世界，成为一个值得学生信赖的"大朋友"。倾听学生的诉说是一个学生观、教育观的问题。中国的传统教育要求学生服从教师的安排，教师在繁复的日常教学和班级管理中，面对学生在课堂上提出不相适宜问题的情况时，往往会认为他说的问题不重要，或跟学习无关，容易轻描淡写地忽略他，或者敷衍他……久而久之，学生们逐渐失去了与教师沟通的兴趣。这样，作为他们的教师怎么会知道孩子在想些什么，又怎么给予他们帮助呢？因此，当学生们想说的时候，要认真倾听。在倾听学生讲话时，我尽量让自己的视线与学生们的视线保持同样的高度，并在交流中做到不随意地打断他们，耐心倾听，真诚帮助，力争成为学生最值得信赖的人。

通过倾听，教师和同学能够得到反馈——学生带进课堂的是什么，采取了何种策略，先前学业成就如何，现有水平和期望水平之间的差距本质和范围。倾听也提供了各种机会让学生的"心声"得到接纳，其中当然包括错误的，所有学生既不会总是在第一时间就获得成功，也不会总知道下一步做什么，不会总能做到完美，这并不是一种缺陷或缺陷思维，也不是只看到事情的消极面。相反，错误是为机遇留出了空间，是我们所知和能做的事情与我们期望知道的和做到的事情之间的区别。认识错误是迈向成功的基础。面对错误教师可采取最有效的反馈——改进教学方法，传授新的或更加有效的策略和知识，帮助学生更好地达到学习目的。

例如，在教学《军神》这一课时，我通过抓住关键词语，让学生体会刘伯承不用麻醉剂进行手术时的那种撕心裂肺的疼痛。学生对手术中产生的剧烈疼痛体会得越深，就越能体会到刘伯承钢铁般的意志。

学生年纪小，哪里经历过这种疼痛？他们对疼痛的理解仅仅停留在表面上。"我从'一刀刀'割掉体会到很痛。""我从'紧紧抓、青筋暴起、使劲'这些词语中体会到不用麻醉剂做手术很疼"……我认真倾听了学生的回答，觉得学生只体会到了字面上的意思，这是远远不够的。对疼痛体会得不深刻，就感受不到刘伯承钢铁般的意志，我必须马上调整我的教学方法，采取更有效的策略，来帮助学生。

于是，我马上联系学生日常生活中的经历来进行引导："人们常说'眼睛里容不得半粒沙子'，别说是沙子就是一粒小小的灰尘，一个细细的睫毛进入眼睛，我们都会感到不舒服，更何况使用刀在眼部做手术呢？你们有没有被小刀割过的经历，谁来说说看？"

当学生对疼痛有了进一步的体会时，我又用富含激情的语言和感官强烈的视频创设沃克医生不用麻醉剂给刘伯承做手术的情境。"沃克医生使用刀在眼部做手术，刀刀连着肉，刀刀滴着血，不使用麻醉剂，病人那是该有多疼啊！""'一刀刀'你体会到什么？总共割了72刀啊！"

在教学过程中，当我得到"学生理解不到位"这一反馈时，我及时采取恰当的措施，通过调动学生已有的生活经验和创设情境的方式，帮助学生深入体会到了手术中钻心的疼痛，为后文理解刘伯承钢铁般的意志，打下了坚实的基础。

（三）将心比心，换位思考

所谓换位思考，是指教师为了全面深刻地认识教与学的关系及效果，将认识立场转换到学生位置上，进行设身处地地思考，换个角度组织教学；或者是学生改变自己的角色，以责任人的身份重新审视教学，转换思维，自主学习。

改变传统的以教师为中心的教学模式，教师要用学生的心灵去感受，用学生的大脑去思考，用学生的眼光去看待学生的兴趣与爱好，经常有意识地站在学生的角度，将心比心，换位思考：学生为什么而学习？关注的主要问题是什么？在学习的过程中会遇到哪些困难？会犯哪些错误？采取什么办法、策略帮助他们？……教师可以把这些问题作为教学的出发点，采取最合适的、最有效的教学手段、教学方法来实施教学过程。在教学过程中预设的教学设计更要随着学生的反馈，不断进行有效的调整。

例如，在教学《少年闰土》一课时，课文中"啊，闰土的心里有无穷无尽的稀奇的事儿，都是我往常的朋友所不知道的。他们不知道一些事，闰土在海边时他们都和我一样，只看见院子里高墙上的四角的天空"。这一段的文字含义深刻，学生理解起来是有困难的。如何站在学生"学"的角度来进行教学设计呢？我摒弃了以往介绍封建教育对思想的禁锢这一枯燥、简单的讲授法（这个方法效果并不好）；采用了学生喜闻乐道的发现、探究、体验法，来帮助学生理解"……只看见院子里高墙上的四角的天空"的深刻含义。

第一步：让学生自主发现"问题"所在。

师：同学们，闰土给我们讲述了四件稀奇的事儿，他只知道这四件稀奇的事吗？（无穷无尽。）作为少爷的"我"，对闰土讲述的这些事，都知道吗？还是只知道其中的一两件？（不知道。）文中哪几个自然段中直接写了"不知道"？短短的三段出现了几次"不知道"？

学生发现短短的三个自然段中，一连出现了五个"不知道"。

第二步：提出疑问，引起学生的思考。

师：啰唆、重复可是文章大忌，作者一连用了五个"不知道"，到底想表达什么？

第三步：小组合作，探究讨论。

通过小学探究讨论，合作学习，学生发现作者这样写是为了表现出少年闰土的见多识广和"我"的孤陋寡闻，使两者形成鲜明的对比。

第四步：调动学生已有的生活体验，进行深入理解。

师：所有稀奇的事，"我"都不知道，"我"只看见院子里高墙上的四角的天空。"我"真的只能看见高墙上四角的天空吗？他又在表达什么？（①突出闰土的见多识广。②表达对农村生活的向往。）

站在学生"学"的角度设计出的四个步骤，让学生对含义深刻的句子有了深入的理解，水到渠成。

创设公正的、共情的和值得信赖的课堂氛围，以学生的发展为本、以学生的学为本，不仅要用一颗"平等心""宽容心"去正确对待学生在学习中出现的错误，而且要巧妙、合理地抓住"错"这个机遇，及时反馈、探讨、帮助，让教师的教"可见"，让学生的学"可见"，最大限度地促进学习。

让小学生的观察真的"可见"

叶建朋

语文课程标准对小学语文教学的要求明确指出：在语文教学过程中锻炼观察、思维、想象、记忆的能力，养成良好的意志品格和学习习惯。观察是儿童增长知识，认识世界的重要途径。同时也是儿童思维、想象、理解、表达、注意、记忆等能力发展的基础和前提。因此，在小学语文教学过程中，通过科学的方法，培养学生的观察能力具有重要的意义。

《可见的学习》有一个很重要的观点：教和学没有任何深层秘密可言，关键是教和学是可见的，即教要对学生可见，学要对教师可见，这样的话，学生就有很大可能性获得高水平成就。按照这一理论，要使学生获得高水平的观察能力，就要在语文教学过程中尽可能地做到教和学的可见，做到观察的全程可见。

一、精心组织趣味游戏，让学生的观察兴趣跃然可见

兴趣是人积极探索某种事物或从事某项活动的意识倾向，是学生活动最直接最活跃的推动力。小学生的天性就是游戏，在游戏中获得知识和本领是最适合小学生的学习方法。培养小学生的观察能力，关键在于先激发他们的观察兴趣。不同的游戏可以从不同的途径培养孩子的观察力。无论是玩弄玩具、看书、绘画，还是户外游戏、与朋友们嬉戏、听故事等活动都可以成为培养他们观察力的游戏方式。

比如，在做部编版小学语文第六册《我做了一项小实验》一课的习作训练时，我让学生先谈谈自己做过哪些小实验室。同学们都没什么兴趣进行发言，

我问了一下学生，他们认为实验是科学家应做的事，感觉很枯燥无味。我笑着说了一句："真的是这样吗？"接着，便拿出一颗紫甘蓝、一碟白醋、一碗热水、几个杯子，神秘地对同学们说，老师今天要做一个神秘的小实验"看我72变"。刚说完，教室里顿时炸锅了，"什么72变呀？是孙悟空吗？""就一颗紫甘蓝怎么可能72变？"……学生们一下子起了兴趣，都睁大眼睛目不转睛地观看我做实验。在做之前，我引导学生注意观察我的步骤、动作，实验过程中的变化等，并说谁观察得最认真谁就可以和老师一起72变。学生们参与实验的热情空前高涨，观察兴趣盎然。大家在观察实验的过程中全神贯注，时不时还有学生提出自己的疑问。正因为学生们观察仔细、认真，看得全面，印象也特别深，写起作文来也轻松自如了，成型的作文也具体生动了。

二、培养观察的精细性，让学生的观察细微可见

观察的精细性是个体在观察过程中，能够区分出客观事物细微和重要的特征。精细知觉客观事物的特征，能够发现客观事物中具有价值的特征，提高观察的效果。一般来说，观察力强的人，既能观察到客观事物的全貌，又能观察到客观事物的细微特征。

有一次上语文课时，我教《第一场雪》这篇课文。碰巧那天下起了武汉入冬以来的第一场雪，怎能错过这么好的观察机会？我特地抽出五分钟让学生们走出教室去观察，学生们可兴奋了。五分钟后回到教室，我问他们观察到了什么，他们的回答让我有点儿失望，不是说看到雪很大，就是说雪很白。

这时，我笑眯眯地说："看来，你们还不会观察，老师再给你们两分钟的时间，这次把你们的眼睛、耳朵、舌头、皮肤都利用起来，最重要的是仔细去观察，你们一定会观察到许多美妙的现象！"

两分钟后，学生们回到教室，高高兴兴地把手举起来，迫不及待地把自己这次观察的情况向大家汇报交流，有的说："雪花又小、又薄、又柔、又轻，就像那高贵的白天鹅轻轻抖动了翅膀，让一片片小小的羽毛，飘飘悠悠地落下来……"有的说："那雪花纷纷扬扬飘落下来，我想，天上一定有什么喜事，要不然，老天爷怎么会向人间撒下这么多的喜花呢？"还有的说："雪花好像并不是从天而降，而是从别处飘来的，它们像春天的蜜蜂。忙碌地飞翔着，时而快、时而慢、时而左、时而右；它们又像快乐的小天使，你追我赶地来到人

间，有的落在小朋友身上，有的涌入窗内，它们显得那么平静，但我却分明听见雪花飞舞时簌簌的声音……"

看，这次同学们观察得多么细致，想象得多么逼真呀！两次观察为什么会有截然不同的效果呢？主要是观察要有精细性。即观察时要细心，不放过每一个细小的变化。不细心就不能深入事物的精微，就不能留下深刻的记忆，就概括不出事物的规律。所以观察不仅要亲眼看，还要深入看，要方方面面、里里外外、周密细致、精细观察。但是单单有细心还不够，观察事物时更要有耐心。对复杂事物的观察，特别是创造性的观察，往往需要付出艰苦的劳动，需要有顽强的毅力。有些现象稍纵即逝，需要进行重复观察；有些现象变化缓慢，需要长期观察；有些现象因实验失败，需要再实验进行重新观察。这些都需要耐心，没有耐心，就不可能获得可靠、准确、精细的观察结果。

三、掌握观察的方法，让学生的观察全程可见

观察可是有方法的！没有科学的观察方法，学生的观察能力也得不到较好的培养，因此，让学生掌握科学的观察方法也非常重要。

按照合理的顺序进行观察，才能对事物有完整系统的印象。自然事物和自然现象都有各自的"序"，在空间上有各自的位置，在时间上有各自的发展过程。因此，在小学语文教学中，应让学生在观察时根据观察对象的特点，做到心里有个观察的"序"，也就是说先看什么，后看什么，要有一定的次序。只有观察有序，才能达到观察的目的。

学生可以先部分后整体地进行观察，比如，部编版小学语文第六册第2课《燕子》，先写燕子的羽毛，再写翅膀，接着写尾巴，最后写燕子，就是按从部分到整体的顺序观察描写燕子的。学生还可以按时间顺序或方位（空间）顺序来观察事物。如部编版小学语文第八册第16课《海上日出》，作者按照日出前、日出时、日出后的时间顺序描绘了不同天气下日出的景象。无论是方位顺序观察还是时间顺序观察，它们并不是孤立的，如果一次观察只用一种观察方法，就不可能观察得全面、细致。因此，只有用多层次、多角度的观察方法，围绕观察目的进行观察，才能真正把握自然事物之间的联系和变化，才能做到观察对象全程可见，收到最满意的观察效果。

四、把观察与思考结合起来，让学生的观察思维有序可见

心理学认为，观察是一种有目的、有计划、比较持久的认识某种对象的知觉过程。因此，观察离不开思考，没有思考的观察只能叫"傻看"。在小学语文教学中指导学生观察时，不应使学生局限于通过直观形象反映客观事物，必须引导他们学会判断和推理，把观察同思维的间接性与概括性结合起来。只有在观察中思维，在思维中观察，才能真正把"观"与"察"有机结合起来，才能真正培养学生的观察能力。

例如，教学部编版小学语文第九册第8课《冀中的地道战》时，可以结合插图让学生观察地道的内部结构，然后归纳地道的式样有哪些，接着分析各个地道式样有什么特点和作用，最后再想象一下冀中人民是如何借助地道和敌人做斗争的。学生在观察地道的过程中，充分运用了分析、归纳、想象等思维方式，学生的思维在观察的过程中有序呈现，清晰可见。其中，培养学生的想象力尤为重要。教师在指导学生进行观察时，应启发学生运用已有的生活经验和知识，进行积极的思维，展开丰富的联想，这样就能为观察插上翅膀，使意境更加广阔，从而在脑海中生成种种画面。如在教学部编版小学语文第十一册第1课《草原》时我就先引导学生观察课文插图，想象插图画了什么，接着播放有草原特色的优美音乐，然后引导学生用自己的语言想象并描述"一碧千里而并不茫茫"的美景，再理解作者的感受："这种境界，既使人惊叹，又叫人舒服，既愿久立四望，又想坐下低吟一首奇丽的小诗。"又思考作者为什么有这样的感受。接着在优美音乐的熏陶下，想象如果自己到了草原会看到什么、想到什么，会有怎样的感受。这样经过观察并结合课文内容发挥想象，学生就能充分感受草原蓝天白云、碧草盈盈的美景，感受到对祖国美景的喜爱之情。最后，让同学们将自己的体会写出来。这样，同学们按照观察—想象—思考—再想象—描述，学生的观察思维分步呈现，观察的每一步都有序可见，观察就取得了很好的效果。

正如《可见的学习》所讲的那样，当教师把观察的有关知识与技能传授对学生可见，学生运用学得的观察知识将观察所得对教师可见时，学生的观察就像一幅幅画面真的可见，观察能力也会随之提高。

参考文献：

［1］约翰·哈蒂.可见的学习（教师版）［M］.金莺莲，洪超，裴新宁，译.北京：教育科学出版社，2015.

［2］周宗奎.现代儿童发展心理学［M］.安徽：安徽人民出版社，2000.

基于"可见学习"的高阶思维培养探索

——以部编版五年级上册《山居秋暝》教学设计为例

孙雨桐

哈蒂在《可见的学习》中明确了"可见学习"内涵。"可见"首先是"让学生的学对教师可见，确保教师能够明确辨析出对学生学习产生显著作用的因素"。"可见"还指"使教学对学生可见，从而使学生学会成为自己的教师"。"学习"是指"如何去获知和理解学生的学习，然后为学生的学习做些事情"。"可见学习"将"教学对学生的学习产生影响作为思考教学的根本"。

换言之，"可见学习"是指教师在教学中不能仅仅注重知识的传授，而是要有具体的场景，让学生能够亲身感受。对于语文学科来说，"可见学习"就需要语文教师在教学中，把一些抽象的知识具体化，让学生能够理解。

在"可见学习"理论的指导下，语文课堂又有了新的要求。"让学习可见，让思维发生"是贯彻落实"可见学习"的操作路径，其中关注思维发生，就是指经由动作思维、逻辑思维到高阶思维，让学生放飞想象的翅膀。想象是小学生典型的高阶思维。因此，如何在语文课堂上，将知识具象化，培养学生的想象，就成了我们探究的方向。基于一年以来的探索，笔者对此有了自己的思考。下面以部编版五年级上册《山居秋暝》教学设计为例，阐述在语文课堂中，笔者是如何进行实践的。

【教学目标】

1.有感情地朗读课文并背诵《山居秋暝》。

2.边读边想象画面，品词赏句，理解古诗内容。

3. 学习借景抒情的表达手法，体会诗人寄情山水的感情和对理想境界的追求。

【教学重点】

边读边想象画面，品词赏句，理解古诗内容。

【教学难点】

学习借景抒情的表达手法，体会诗人寄情山水的感情和对理想境界的追求。

【教学过程】

（一）图片导入，激发兴趣

出示秋景图片。

师：请大家看看黑板上的图片，来说一说，这是什么季节？（秋）

师：你们说得很对，正是秋天。老师想将难度升级，谁能说说与秋有关的诗句？（①停车坐爱枫林晚，霜叶红于二月花。②君问归期未有期，巴山夜雨涨秋池。③夕阳西下，断肠人在天涯。④自古逢秋悲寂寥，我言秋日胜春朝。）

师：同学们的诗词储备量真丰富！能说出这么多与秋有关的诗句。今天我们再来学习一首与秋有关的诗——王维的《山居秋暝》。（板书）

设计意图：图片导入，增强直观感，让学生通过秋景图片联想到秋天，促进学生想象的生成。教师进一步提问，调动曾经学过的知识，让学生说出与秋有关的诗句，激发学生的发散思维。在学生一句句的回答中，课堂的学习场景初步形成。

（二）了解作者

师：说起王维，大家肯定都不陌生，我们学过他的"独在异乡为异客，每逢佳节倍思亲"（《九月九日忆山东兄弟》），学过"空山不见人，但闻人语响。反景入深林，复照青苔上"（《鹿柴》），"渭城朝雨浥轻尘，客舍青青柳色新。劝君更尽一杯酒，西出阳关无故人"（《送元二使安西》）等，我们一起再来回顾一下作者的介绍。请一位同学来读给大家听。（出示作者简介视频，并提问）

王维（701—761），字摩诘，蒲州人。开元九年（721）进士，官至尚书右丞，世称王右丞，著有《王右丞集》。诗与孟浩然齐名，称为"王孟"，有"诗佛"之称。前期写过一些边塞诗，但其作品最主要的是山水田园诗，通过对田园山水的描绘，宣扬隐士生活。苏轼曾赞："味摩诘之诗，诗中有画；观摩诘之画，画中有诗。"

师：你的声音真洪亮！大家听得也很认真！在读完作者简介之后，老师有个疑问，这首《山居秋暝》属于什么诗呀，是田园诗还是边塞诗？（田园）为什么？（因为是对山水田园的描写，宣扬隐士生活）说得很棒呀，很会找关键词，边塞诗又称出塞诗，是以边疆地区汉族军民生活和自然风光为题材的诗。而山水田园诗，则是通过对田园山水的描绘，宣扬隐士生活。我们看到这首诗的题目，就知道啦，"暝"是"日落时分，天色将晚"的意思。"山居"是"山中居所"的意思，"秋暝"是指"秋天的傍晚"。这首诗描写的就是初秋傍晚时的景色，大家可以想象一下作者所看到的景色是怎么样的。

设计意图：在介绍作者背景时，将学生曾经学过的作者所写诗句联系起来，拉近学生与作者的距离。此外，出示作者简介视频，以视频的形式，将作者的形象更加具象化地带到学生面前，增强课堂的直观感。了解完作者背景及写作风格后，又将古诗的题目加以解释，在解释的过程中，激发学生的想象，让他们想象初秋傍晚的景色。在一看（看视频）、一听（听解释）、一想（想景色）之间，培养学生的高阶思维。

（三）初读古诗，整体感知（7分钟）

1. 自读古诗

师：接下来，请大家自由朗读这首《山居秋暝》，注意读准字音，读出节奏。（出示整首诗的节奏划分）

2. 听读古诗

师：我们一起来听一段朗诵，请你们想象一下，此刻你就是诗人，置身于空气清新、刚刚下过雨的山林之中，沐浴着月光，也远离了尘世的喧嚣……现在请你们带着这样的想象，再来读读这首诗。

3. 分组读、男女读

师：读得真好，仿佛我也置身山林之中了呢！请同学们分组读，看哪个组读得最好！

4. 全班齐读

师：请大家再一起来读一遍。

设计意图：通过反复朗读，让学生在读中初步感知古诗画面与情感，并且在听读过程中，教师引导学生想象画面，培养学生的高阶思维。

（四）赏"悠然"之景（10分钟）

师：请同学们用笔在书上画出你在诗句中看到的景物。（山、雨、明月、松、清泉、石、竹子、莲、渔舟……）啊，都找到了，那你可以说说，这些景物都组成了怎样的画面？请你给大家描绘一下。在描绘时，可看看黑板上的注释。（出示词语注释）

> 一场新雨过后，青山特别清朗，
>
> 秋天的傍晚，天气格外地凉爽。
>
> 明月透过松林洒落斑驳的倩影，
>
> 清泉轻轻地在山石上叮咚流淌。
>
> 竹林传出归家洗衣女的谈笑声，
>
> 水上莲叶轻摇，是渔船顺流而下。

师：你太棒啦，你所描绘的景色实在是太美啦！（再读）

师：老师有一个疑问，颔联中明明就写了浣女、渔舟，诗人为何在首联当中却说是"空山"呢？诗中明确写有浣女渔舟，诗人却下笔说是"空山"。这是因为山中树木繁茂，掩盖了人们活动的痕迹，正所谓"空山不见人，但闻人语响"（《鹿柴》）。由于这里人迹罕至，"峡里谁知有人事，世中遥望空云山"（《桃源行》），自然不知山中有人来了。"空山"两字点出此处犹如世处桃源，山雨初霁，万物为之一新，又是初秋的傍晚，空气之清新，景色之美妙，可以想见。

师：我们再来关注一下，老师标注出来的两组词有什么区别？（一组是静物，一组是动词）

师：观察得真仔细。所以说，诗中描绘的不只有静态美，也有动态美。所描绘的静的境界，不是死一般的寂静，而是跳动着的生命，使整个山林显得生机盎然。这跳动的生命，不仅没有破坏山林幽静的气氛，反而相映成趣，将山林衬托得更幽静了。以动衬静，收到了艺术上相辅相成的效果。（找到相关句子再读）

师：同学们能不能用四个字来概括一下诗中所描绘的画面呢？老师给出了几个示例（出示PPT）。你们能不能将其补全呢？我们看到了空山秋雨图、青松沐月图、清泉抚石图、浣女晚归图、渔舟拂莲图。从这几句诗中，我们看到了这么多幅美丽静谧的图画，真可谓是"诗中有画，画中有诗"。

师：请大家带着自己的理解再来读这首诗，边读边想象画面。

设计意图：通过学生的观察、理解与想象，将诗人笔下的空山秋雨图、青松沐月图、清泉抚石图、浣女晚归图、渔舟拂莲图——呈现在大家面前，在学生想象之后，引导学生将想象的画面表达出来，在学生感悟美的同时训练他们的语言表达能力，将想象的画面和场景表达出来，促进高阶思维的培养。

（五）品"悠然"之味（10分钟）

师：可想而知，诗人在这种清幽明丽的景色中，是多么的"悠然"啊。所以诗人在诗句的最后叹上一句"随意春芳歇，王孙自可留"。这两句诗直抒诗人的心志。谁来给大家解释一下这句话的意思？

生：这句话的意思是尽管春花凋谢，秋景还是如此美好，我自己完全可以留在山中，长住不走。"随意"是"任凭"的意思。"王孙"则暗指诗人自己。

师：那你又从这句话中读到了诗人怎样的情感呢？

生：表达了诗人对归隐山林的向往。

师：《楚辞·招隐士》中说："王孙兮归来，山中兮不可久留。"王维在这里反用其意，觉得"山中"比"朝中"更好，洁净纯朴，决心留下来，表达了诗人对归隐山林的向往。这虽是一种消极避世的思想，但这种洁身自好的孤高情怀，却表现了封建士大夫遭冷遇后对统治集团的一种反抗的精神。

师：此外，诗人也在其他地方不着痕迹地表露了自己的心意，一起来看大屏幕。（出示PPT）

王维的《济上四贤咏·郑霍二山人》曾经赞叹两位贤士的高尚情操，谓其"息阴无恶木，饮水必清源"。（在树荫下憩息，一定要选择没有坏树的地方；到江河中饮水，一定要选择清洁的水源）

他曾说："宁栖野树林，宁饮涧水流，不用坐梁肉，崎岖见王侯。"（《献始兴公》）

师：以上信息对应的是什么景物？诗人选用这样的景物究竟想表达什么？

生：这句对应的是"明月松间照，清泉石上流"。诗人是这种心志高洁的人。这月下青松和石上清泉，正是他所追求的理想境界。

小结：这首诗自然朴素，不加雕饰，选取富有特征的景物，描绘出清幽明丽、活泼新鲜的图画。有"明月松间照"的宁静，有"竹喧""莲动"的喧闹；有"翠竹""青莲"的悦目色彩，有"淙淙流泉"的悦耳声响。动静结合，声色并茂，这一切又是那样和谐自然，不愧是"诗中有画"。在这幅图画中，似乎没有诗人的活动，只有自然山水，实际上却处处表现着自己。

设计意图：在这一环节，学生体会出作者对归隐山林的向往后，对本首诗的情感有了一定把握，但是在理解感悟本诗的情感以外，还应该基于课本，又跳出课本，形成知识的迁移和运用，所以教师又引导学生理解王维在其他诗句中流露出的情感与志向，一是让学生形成知识的迁移；二是让学生对诗人的认识和理解形成连贯性，从一首诗的理解到对王维诗风的理解，形成整体性。

（六）拓展延伸（5分钟）

播放《山居秋暝》歌曲，全班欣赏。

师：最后，我们再一起尝试着背诵一遍。

设计意图：最后用歌曲的形式呈现这首古诗，一是丰富古诗的呈现形式，二是强化学生的记忆，而且在歌曲中，也能够潜移默化地让学生再度回忆想象古诗所呈现的画面，品味美感。

【板书设计】

山居秋暝

空山秋雨图

青松沐月图

清泉抚石图　诗中有画

浣女晚归图　画中有诗

渔舟拂莲图

【教学反思】

基于"可见学习"理论，将抽象的概念具象化，激发学生的想象。笔者在《山居秋暝》这首古诗的教学中主要采用了以下两种方法来实现高阶思维的培养。

（一）借助图片和视频，增强课堂直观感

在教学中，笔者多次借助图片和视频资料，将抽象的概念具象化地表现出来，让学生更加直观地了解知识，同时增强课堂的画面感，促进学生的参与度，构建学习场景，让学生在学习场景中更好地领悟知识。如导入环节呈现秋景图，快速地将学生带入课堂学习的情景中；在了解作者背景环节，出示相关视频资料时，也让学生更加形象化地认识作者，让学生的学习可见。

（二）激发学生想象，培养高阶思维

学习本首古诗，笔者鼓励学生想象画面，通过想象画面，体会诗人想表达的情感。在这首古诗中，想象更是重中之重，诗人描绘了空山秋雨图、青松沐月图、清泉抚石图、浣女晚归图、渔舟拂莲图这五幅绝美的图画，笔者通过听朗读音频、言语引导的方式让学生展开想象，并让学生将自己想象到的画面表达出来，在这个过程中，培养学生的想象，即高阶思维。

以上是笔者对于"可见学习"应用于语文课堂的一点思考，还有诸多不足，后面还会根据后续的探索加以改进。

操作　发现　运用

——探究可见学法，追寻"可见学习"

叶青

在小学语文教学中，追寻"可见学习"，切实回答好"要到哪里去、如何到那里、下一步要到哪里"这三个问题，就要坚持以学生为主体，注重学法指导，放手让学生自己学习，还给学生充分思考交流的空间，让学生在课堂中有话可说，有疑可问，有机会与他人对话，有时间与自己对话，让学生的学习真正地"看见、遇见、听见、预见"，不仅"学会"，还要"会学""会用"，更要爱学习，如此才能学得更好，这也是提高教学质量、提高学生素质的有效途径。

一、展示实物或模型，自我操作学习

"顺木之天，以致其性。"要想让学生"学什么"可见，就应该顺应学生的身心发展规律，尊重差异，了解每个学生的学习起点，预见难点疑点，从而制定相关的学习目标。小学语文教材中，有许多是介绍科学常识的文章。对于这类课文，要依据教材内容，展示实物或模型，让学生在可见的操作中遇见问题，提高认识，在认识中实践，寓学习方法的掌握于自我设计的可见性学习之中。

（一）操作感悟课文内容

课文《捞铁牛》其重点是理解如何"捞"出一只只笨重的铁牛，特别是要搞懂利用水的浮力，怎样把铁牛一点点拔上来的过程。老师预见水的浮力这个原理，对于小学生来说还是比较模糊的，这也是教学难点。单靠空洞的理论式的说教,是很难突破学生思维局限的。为了让学习可见,让学生的思维真正地可见,展示实物模型,让学生动手试验,在操作中感悟水的浮力的原理不失为一大突破方式。

学生们普遍认为:只要用很粗的绳子将"铁牛"和大船的木架系住,然后使劲一拖,铁牛就捞起来了。这时,教师出示一组模型:盛满水的器皿,备有泥沙、火柴棒、毛线,以石头代替铁牛,木盒代替木船,里面装满泥沙,及时让学生按照自己的想法去操作去演示,结果,"铁牛"并未"往上拔"。通过讨论研究,学生们明白:只有把泥沙慢慢铲到河里,船身才能慢慢向上浮。这样,认识得到统一,最后通过实践,证实确实如此。教师再次要求学生一边操作一边用流利的语言讲解,要求用上表示事情先后顺序的词语:先、然后、再、又、接着、最后。学生们最后一步是这样讲解的:

当船里的泥沙慢慢地减少的时候,船身慢慢地向上浮,拴住铁牛的绳子就越绷越紧,水把船向上托起。船靠着水的浮力,把铁牛从淤泥里一点儿一点儿地向上拔。铁牛离开河底后,船手们一起使劲划桨,把铁牛拖到岸边。

对于课文中讲述的打捞铁牛这么一个极为复杂的过程,通过一个小小的实验就为学生扫除了理解障碍。

(二)操作品味传神词语

对于低年级学生,阅读中品味作者用词的准确性也可以运用展示实物的方法进行,让学习可见。二年级课文《植物妈妈有办法》中有这么一句:

苍耳妈妈有个好办法,她给孩子穿上带刺的铠甲。只要挂住动物的皮毛,孩子们就能去田野、山洼。

这句中"挂住"一词用得极其传神。课堂中,教师创设情境,在众目睽睽中,随机让一位学生把脱下的衣服挂在墙壁挂钩上,然后再引导学生:苍耳的铠甲,除了保护作用以外,还有什么作用呢?我们再来看一看。教师运用动画演示兔子跑过苍耳时的动态图,你们发现兔子身上有了什么呀?哦,学生们发现有好几个苍耳。为什么呢?教师引导学生运用发散思维:原来是因为苍耳带刺的铠甲粘住(钩住、拽住、挂住)兔子的皮毛了。那课文中用了哪个词呢?"挂住"这个词孩子们也就脱口而出了。对,就像刚才那位同学挂住衣服一样。教师顺势再指导孩子们有感情地读词语"挂住",适时评点:读的时候要读得粘牢固、钩牢固、挂牢固,不能掉下来哟!你们看,那个孩子挂在墙上的衣服掉下来没有啊？教师欣喜地听见了孩子们兴趣盎然的读书声。

二年级课文《我要的是葫芦》一文中，也用了"挂"这个非常传神的词。

花谢以后，藤上挂了几个小葫芦。

课堂中，教师还是创设情境，再来让学生体会"挂"字：这个"挂"字换成"结""吊"字好不好？为什么？通过讨论品味，孩子们明白，"结"不能体现葫芦藤又细又长的特点。葫芦的柄长，从藤上垂下来，就像衣服"挂"在那里一样，迎风飘扬，多美呀！"吊"字常常说"吊起来"，葫芦藤吊起来没有"挂起来"的"挂"字美。

显然，教学的最终目的，就是让学生学到知识技能，发展核心素养，让这样喜人的学习结果能被最终见到，让学生的学习真实可见。这种语文学科的"亲历式学习"，让学生把学习的知识说出来、做出来、演出来，在这样的过程中，知识才会更有效地变成能力，变成智慧。

二、揭示课文特点，自我发现学法

在"可见学习"视角下，教师要运用好每一次"可见的"教学过程，让学生掌握方法，启发激励学生的探究思维，促成他们高质量地完成独立学习，引导和助推学生学会学习，让学习过程可见。小学语文教材中，有不少的课文篇幅较长，结构相似，然而教学时间有限，教学中教师适时提示课文特点，不仅要"授人以渔"，更要"授人以欲"，让学生自我发现学法，提高学习欲望，运用多种感官参与学习过程，长文短教，节省教学时间，让学习思维可见，提高教学效率。

（一）发现学法长文短教

《群鸟学艺》一课重点是写群鸟怎样向凤凰学艺的，课文比较长。由于学艺经过部分结构、写法都相同，因此，教师可以在讲完猫头鹰学艺的经过后问：其他鸟又是怎样向凤凰学艺的呢？你们发现课文有什么特点吗？学生观察发现：后面几节内容都是按凤凰授艺—群鸟想法—群鸟做法的顺序来写的。学生自我发现学法后，顺势让其自学，并填写表3-1。

表3-1

凤凰怎样教的	群鸟怎样学的			结果	原因	道理
	鸟名	想法	行动			
要有耐心	猫头鹰	有什么好学的	飞走了			
	老鹰					
	乌鸦					
	麻雀					
	小燕子					

然后,演示部分学生填写的表格,共同分析讨论,能使学生一目了然地看清文章内容联系,有益于学生从感性进入理性,抓住课文主旨,节省教学时间,提高自学能力可见。

(二)以点带面、以读代讲

对于低年级学生,也能适时进行学法的指导学习。二年级课文《植物妈妈有办法》是一首诗歌,介绍植物用什么方法传播种子的常识。全诗共五节,第二、三、四节结构相似,分别介绍了蒲公英、苍耳、豌豆传播种子的方法。老师以第二节蒲公英的教学为重点,以点带面,提示学生:蒲公英为孩子们准备的是什么?靠什么来传播种子的?请说完整的话。教师做小结并以填写表格的形式(表3-2)让孩子们一目了然地明白蒲公英传播种子的方法,为后面孩子们的自学打下铺垫:哦,原来蒲公英妈妈为孩子们准备了降落伞,是靠风吹来传播种子的呀!

表3-2

蒲公英		
降落伞		
风吹		

接着以读代讲感悟第三四节。那么,苍耳妈妈、豌豆妈妈是怎么传播种子的呢?让孩子们分小组自学第三四节的内容,模仿第一列表格的填写方式,填写第二三列表格(表3-3)。实践证明,孩子们举一反三的能力是比较强的,表格内容完全难不倒他们,孩子们纷纷回答道:"苍耳妈妈为孩子们准备了铠

甲，是靠动物的皮毛挂来传播种子的。豌豆妈妈为孩子们准备了豆荚，是靠太阳晒来传播种子的。"

表3-3

蒲公英	苍耳	豌豆
降落伞	铠甲	豆荚
风吹	皮毛挂	太阳晒

从以上教学处理过程不难看出，"可见"既是指使教学对学生可见，也是指让学生的学对教师可见，确保教师能够明确辨析出对学生学习产生显著作用的因素，从而及时调整教学，让学习效果可见。

三、揭示写作规律，自我运用学法

作为工具性很强的语文学科，说话与写话训练有着不可替代的重要作用。建立以尊重和信任为主要特征的人文教学环境，合理运用迁移规律，促进正迁移，支持并鼓励学生参与到学习过程中，鼓励学生自由表达观点，给予一定的容错空间，让学生不断地进行尝试、参与、思考与探究，学习者的思维被真正激活了，他们的创造性活动才会成为可能。

（一）例文引路运用学法

六年级上册第二单元要求写一次"多彩的活动"。在学习了《狼牙山五壮士》这篇课文后，教师充分挖掘本课的读写结合点：有顺序地写清楚事情的经过，辅导这次习作练习。首先，及时引导学生复习旧课的写作技巧，进行构思布局的训练，促进正迁移，揭示写作规律；其次让学生自我运用学法，填写表3-4。

表3-4

标题	事情发展的顺序		
	起因	经过	结果
狼牙山五壮士	上级把掩护群众和连队转移的任务交给了六班	五壮士胜利地完成掩护任务，把敌人引向狼牙山顶峰，英勇杀敌	狼牙山五壮士英勇就义
开国大典			
灯光			
多彩的活动			

最后，演示部分学生填写的表格，共同讨论，通过例文的引路作用，揭示写作规律。学生能举一反三，触类旁通，平时见写作就头疼的夏同学这样写（表3-5）。

表3-5

习作题目	多彩的活动
起因	学校举行庆"六一"的活动
经过	"六一"活动精彩纷呈，大家都表演了自己的拿手节目，我现场表演了毛笔书法，心里紧张极了
结果	我的书法作品挂在教室墙壁上展览，我克服了紧张心理，自豪极了，真是一个多彩的活动

这样的提纲有一定代表性，由于教学清晰地"看见"学生的学习是否发生，启发学生将新知识与原有认知结构中的相应部分建立了表达顺序、写作重点、段落衔接等多方位的联系，在教学中形成了一种快速多变的"替换框架"练习模式，以类推为根据，以模仿为阶梯，并据此及时调整与改进教学，学生在潜移默化中掌握了写作方法，学生学习效果及时可见。

（二）运用学法模仿说话

"可见"也指教学可"听见"，即教学中充分展现教师与学生的见解见识，听得见彼此的声音。为此，教学就需营造有参与感及相互信任的学习语境，在这样的环境中，既能听见教师讲的声音，也能听见学生的见解，强调师生之间、生生之间通过对话交流，进行有意义的学习，进而促进学生知识素质技能的内化。

低年级说话训练也是阅读教学的一大重点内容。一年级课文《比尾巴》是一篇对话形式的儿歌，它以两组相似的问答，介绍了六种动物尾巴的特点，极富儿童情趣。教学中，教师抓住各种小动物尾巴的特点，以"比"的形式为主线，充分调动学生学习探究的积极性。在朗读感悟第二节时，教师首先引导学生探究比赛的结果，了解猴子、兔子和松鼠尾巴的特点后，让学生模仿课文句式举一反三进行说话练习。出示PPT看图说话："松鼠的尾巴好像一把伞"。

燕子的尾巴像什么？　　　燕子的尾巴好像一把剪刀，

大象的耳朵像什么？　　　大象的耳朵好像一把扇子，

兔子的眼睛像什么？　　　兔子的眼睛好像两颗红宝石。

学生跃跃欲试进行说话练习，教师适时激励孩子们："哇，你们也像一个个小诗人了。"

课文第三、四节与第二节句式结构都非常相似，教师充分相信孩子们的能力，让孩子们自学第三、四节，找找比赛项目和结果，同桌互读互说，然后集体交流。最后，让孩子们也来模仿课文，编编诗歌，大家都来当小诗人。如此一来，既节省了时间，又轻松地完成了教学内容。来听听他们编的儿歌吧！

谁的尾巴细？	老鼠的尾巴细，
谁的尾巴粗？	小猫的尾巴粗，
谁的尾巴像剪刀？	燕子的尾巴像剪刀。
谁的尾巴直？	老虎的尾巴直，
谁的尾巴卷？	小猪的尾巴卷，
谁的尾巴像鞭子？	狮子的尾巴像鞭子。

比完了尾巴，孩子们又开始自主地"比翅膀""比四肢"。整节课教师把学习的主动权交给学生，老师教得轻松，学生学得愉快，既避免了冗长啰唆的教学模式，又高效地培养了孩子们举一反三的能力。

"可见"主要鉴于以往人们在"教学即传递"的定位中，"学生的缺席""灌输的形式""大量缄默知识的教育学意义被遮蔽"等掩盖了教学的"可见"，由此也彰显着"可见"的意义与价值。从"学"的角度出发来研究"教"，选择符合儿童心理特点和认识规律的方法来指导学生"学"，逐渐引导学生在"学会"的同时达到"会学""会用"，掌握学法，从而达到"学生的学可见""教师的教可见""教是为了不教"的目的。

参考文献：

约翰·哈蒂.可见的学习（教师版）［M］.金莺莲，洪超，裴新宁，译.北京：教育科学出版社，2015.

"可见学习"理念在小学习作
教学中的借鉴与运用

屠延琪

新西兰学者约翰·哈蒂这样解释"可见学习":"教师和学生需要知道他们课上的学习目的和成功标准,知道学生对这些标准实现得如何了,以及知道下一步去哪里。下一步的行动应当依据学生的已有知识和理解与成功标准之间的差距而定。成功标准涉及'你要到哪里?''如何到达哪里?''下一步去哪里?'"简而言之,"可见学习"是指师生必须知晓具体的学习任务和完成学习任务的路径与方法,学生能在教师引导下沿着正确的学习路径,运用知晓的学习方法,完成既定的任务;师生能知晓具体明晰的学习成果评价标准,学生能依据标准评价学习,调控、完善学习。反之,学习任务和完成任务的方法不明,不知学习成果的评价标准,就是学习不可见。

构建小学语文"可见学习"习作课堂,是基于小学生语文核心素养视域,以现行部编版小学语文教材为依托的师生"可见学习"课堂实践。通过实践研究,我们进一步厘清习作教学中师生的角色,转变教学理念,深入探究教与学的路径,有效建立"双减"和"可见学习课堂"之间的逻辑关联,促进教师反思课堂,改善习作教学,引导学生热爱习作,学会写作,善于写作,享受习作课堂学习的幸福感和成功感,确保学生习作学习行为的高效推进。笔者以统编小学语文教材五年级下册第四单元的习作——《他_____了》教学为例,谈"可见学习"理念下的习作教学策略。

一、关联单元主题，习作教学目标可见

明确每一次单元习作的目标，呈现全面、有序、必达成、可操作的习作教学目标，让习作教学目标明晰，有的放矢。习作教学目标可见凸显习作目标的指向性、针对性和操作性。

五年级下册第四单元一共设置了两大板块，阅读板块中编排了《古诗三首》，以及《青山处处埋忠骨》《军神》与《清贫》这三篇课文，习作教学板块的内容即为《他＿＿＿＿＿了》的习作训练。人文主题上，本单元以林则徐名言"苟利国家生死以，岂因祸福避趋之"来高度概括，古诗阅读以及三篇阅读课文都是以爱国主义、家国情怀为人文主题。阅读上，要求做到根据动作、语言和神态描写来体会人物内心，而习作上，则是要求学生能够尝试着运用动作、语言和神态描写来表现所写人物的内心情感。因而，在《他＿＿＿＿＿了》这篇习作教学中，教师要基于本单元的习作语文要素来定位和明确核心习作策略；在人物描写作文中，运用本单元所学的语言、动作、神态三种细节刻画手段，来呈现事情过程，着重把人写具体、写生动，通过三种细节描写来反映出人物的内心世界。那么，具体如何来实现对人物的具体描写及其内心的反映，这需要借助具体的习作技巧。习作教学中也给出了一些提示：从多个角度写一个人当时的表现，"他的面部表情是怎样的？眼神与平时一样吗？""他有哪些不寻常的举动？""他说了哪些话？说话时的语气是怎样的？"从习作方法指导中可以看出，建议通过对人的神态、动作和语言的细节刻画来表现人物，这也与本单元的习作要素很好地契合起来了。

习作教学目标可见使语言表述清晰、操作性强，避免了习作目标空泛、越位或表述不清等问题。目标可见为本次习作教学的各个环节提供了指南，引导各个环节有重点地展开。

二、回归课文阅读，习作教学策略可见

叶圣陶先生说：教材就是一个例子，通过这个例子，要让学生获得举一反三的能力。教材的阅读课文很大程度上就是习作的"例子"和"范文"，通过对阅读课文的回顾，阅读品鉴其中与单元习作要素相关的语言表达方法，学习和内化习作策略，懂得如何在具体的语言情境下运用好习作方法。

习作板块安排在单元阅读课文之后，因而在习作教学时，单元阅读课文已经全部讲授完毕，学生对所在单元的教学内容有了一定的把握，但是更多的是从阅读要素的角度来进行阅读教学，此时换成习作要素的学习，则需要重温阅读内容，并从习作表达的视角来阅读和赏析课文中是如何将习作要素运用好的。

为了帮助学生对单元所学过的课文有整体性的印象和感知，笔者借助群文阅读的方式，将所在单元中所有的 2～4 篇阅读课文（古诗词不在内）进行组合，以单元习作训练目标为"议题"，来赏析课文是如何体现"议题"的，单元习作策略又是如何增强课文的表达效果的。在《他_____了》这个习作教学中，教师在明确该习作教学的语文要素的基础上，带领学生回归课文，设置群文阅读任务；在《青山处处埋忠骨》《军神》与《清贫》这三篇课文中，分别用了哪些人物细节刻画的方法来表现人物内心？

（1）《青山处处埋忠骨》中，以_____、_____、_____描写，表现出毛主席_____的内心世界，举例：_____。

（2）《军神》中，以_____、_____、_____描写，表现出了沃克医生由_____到_____的内心变化，表现出刘伯承_____的精神品质。举例：_____。

（3）《清贫》中，以_____、_____、_____描写，表现出国民党反动派_____的内心，同时通过_____、_____描写，刻画出方志敏_____的人物形象。举例：_____。

学生通过对三篇课文的回顾，温习了三篇课文运用语言、动作和神态描写来表现人物复杂内心的手法。笔者引导学生赏析这些语句，感受从多个角度描写来表现人物内心世界的技巧和效果。如《青山处处埋忠骨》中毛主席情不自禁地喃喃："岸英！岸英！"，表现了毛主席内心的沉痛；毛主席内心的独白"儿子或者不能相见，就让我见见遗骨吧！"以及对秘书若有所思地说："哪个战士的血肉之躯不是父母所生？不能因为我是主席就要搞特殊……就尊重朝鲜人民的意愿吧。"两处语言描写表现了毛主席在承受丧子之痛时由"人之常情"的感性呼唤向"主席身份"的理性抉择过渡的复杂心理过程。又如《军神》一课中，既有对刘伯承的正面描写，如语言描写中，刘伯承的语言十分干脆利落，如"试试看吧""七十二刀""你过奖了"等，只言片语，尽显军人的利落和坚韧；又有通过沃克医生的描写来侧面烘托刘伯承的勇敢坚韧，如"一向从容镇定的沃克医生，这次双手却有些颤抖，他额上汗珠滚滚，护士帮他擦了一次又一次"，甚至告诉刘伯承挺不住可以哼叫，这很好地衬托了手术过程中刘伯承忍受的剧痛，从而突出刘伯承异于常人的顽强意志。

通过回顾单元所学的课文中从语言、动作、神态多角度表现人物内心的段落，学生了解了如何借助这些手法来把人物写具体，习作教学的策略就这样呈现在学生眼前，将教师的教变得可见，把学生的学也变得可控。这样，学生对完成《他_____了》的习作任务也就更有把握了。

紧扣每一次习作的目标，采取同一层面平行推进、不同层面分层推进、多效并举综合提升等方式为学生搭建适合的习作策略，让习作教学策略可见。为学生提供必需的、适合的方法或策略上的指导，突出每一次习作的重点，突破每一次习作的难点，帮助学生顺利完成习作，有效提升习作质量。综合运用这些习作策略，学生的习作质量在习作策略可见的基础上得到有效提升。习作教学策略可见凸显与习作教学目标可见的一致性、方法指导的适切性、方法运用的实效性。

三、开展习作实践，习作学习进程可见

在回顾单元阅读课文的基础上，教师引导学生回到习作练习中，进行趁热打铁的习作实践。在单元习作训练中，坚持"半开放式"习作原则：一是"放"：在作文题目、选材等方面给予学生充分的自由自主，不限制学生的发散性思维；二是"收"，在写作方法上，必须迁移运用单元习作训练要求，使学生将单元要求掌握的习作表达方法用到习作中去，做到现学现卖、活学活用，真正实现习作教学中的"读写结合"和"教学练合一"理念。在学生构思和动笔写《他_____了》这篇习作之前，教师进行最后的习作教学指导，强调运用本单元所学的、要求学生掌握和应用的习作手法，确保学生按照习作要求来应用所学的习作策略。

习作提示一："请同学们围绕《他_____了》这个题目，添加一个词语，可以是'伤心''生气''骄傲''后悔'等，大家发挥自己的想象，老师不限制范围。"这个习作提示，让学生有广阔的选择空间，没有限制学生的思路，做到了"放"。

习作提示二："把他为什么＿＿＿＿了、他是如何＿＿＿＿的写具体、写清楚，写的过程中以'他'为核心，把'他'当时的表现写具体。"这个习作提示，让学生有更明确的重点和方向，拓宽了习作思路。

习作提示三："运用本单元'通过对人物的语言、动作、神态描写来刻画人物，反映人物的内心'的习作策略来多角度地写'他'，反映出'他'的内心世界。"这个习作提示，强调习作过程中运用单元习作策略来进行习作实践，在"放"的基础上有所"收"。

教师以习作提示进行习作前教学指导，让习作学习进程可见。哈蒂认为：我们需要发展一种关于我们正在做什么、我们要去哪里，我们怎样到达那里的知觉；我们要知道手足无措的时候应该做什么。这样的自我调节或元认知技能是所有学校的最终目标之一。让学生在习作前成为自己的老师，就应该让他们行进在"定标—学习—评价—调整目标—再学习—再评价"的学习道路上。习作学习进程可见确保学生在习作过程中不偏离习作训练要求这个航向标，确保习作目标在学生习作过程中得到实践运用。

四、内化习作技能，习作评价可见

习作评价在习作教学中具有重要意义，教师对学生习作的点评，可以让学生清楚自己作文存在的优点与不足，同时习作评价的激励、表扬，对学生的习作情感有着很好的激励意义。评价的标准及过程对师生都是清晰可见的。把握评估反馈的标准是促进学生可持久性地理解和利用已学知识进行应用迁移和建构的条件，通过这样的迁移运用，学生最终实现创新。

"可见学习"理论下的习作教学，要坚持"教、学、评"一体化，在学生完成习作任务之后，教师要进行及时的、有针对性的习作评价。不同的习作目标下的习作评价的依据和侧重点有所差异，单元习作的教学评价，应将习作要素的应用体现作为主要评价依据。教师在评价学生作品时，要带着强烈的目的性并注重强调方式，通过批注式习作评价，点出学生习作中应用单元习作策略所在，强化学生的有意注意，让学生有意识地将单元习作要素巧妙地应用到单元习作练习中，做到学用结合。

教师在对学生的习作进行评价时，要注意将评价侧重点向单元习作方法应用倾斜。如学生习作《他慌张了》描写了某同学在课间休息时违反纪律规定，在教室里踢足球，谁知不小心将电灯踢碎，伤到下面的同学的情节：

"强子，这是昨天我花二百块钱买的足球，下午的体育课的自由活动时间我们一起玩吧！"轩轩邀请道。

"给我瞧瞧！——真酷！"强子赞叹说，"要不我们现在趁着课间休息踢两脚？脚痒痒了！"

两人默契地一笑，在座位间踢起来。……

——"小心！"强子提醒，可是来不及了，轩轩一脚用力过猛，将教室的电灯踢碎了，掉落下来的碎片不偏不倚地砸在同学晴晴的身上，晴晴吓得大叫，抱头大哭。

"没……没事吧？我……我真的不是故意的，对不起！对不起！"轩轩脸色唰地一下惊得惨白，说话直哆嗦，额头上的汗珠涔涔地往外冒。

晴晴缓过神来，身体并没有受伤，只不过着实被吓坏了。轩轩眉头稍微缓了缓，长吁了一口气。

办公室里，轩轩低着头，攥着衣角，"老师，我知道错了，以后保证不在教室里做这样危险的事情了"。

习作中，学生用到了语言描写，如"没……没事吧？我……我真的不是故意的"等；动作描写，如在老师面前"低着头，攥着衣角"等；神态描写，如"脸色唰地一下惊得惨白""汗珠涔涔地往外冒"，得知同学并无大碍，"眉头稍微缓了缓，长吁了一口气"等。习作中学生用语言、动作、神态的描写来表现同学闯祸后惊吓—慌张—舒心的内心情绪，让人产生身临其境的感觉。

因为学生将本单元的习作要素应用到位了，教师给予其高度评价。这样学生就理解和内化并迁移应用好了本单元所学的习作方法，在其他单元的习作中也会有意识地将单元习作策略应用好。

"可见学习"视域下的小学习作教学，不仅需要理念与策略的支撑，还需要教师拥有"适应性专家"的教育视野。习作教学直接影响学生的素养和思维，关乎学生的生命成长与未来发展，运用"可见学习"理念实现习作教学的变革，推进深度学习，迫在眉睫且意义深远。

参考文献：

[1]约翰·哈蒂.可见的学习（教师版）[M].金莺莲，洪超，斐新宁，

译.北京：教育科学出版社，2015.

[2] 约翰·哈蒂，格雷戈里.可见学习与学习科学 [M].彭正梅，邓莉，伍绍杨，等，译.北京：教育科学出版社，2018.

[3] 石修银.基于"可见的学习"理论的语文教学设计、过程及评价 [J].课程·教材·教法，2021，41（8）：83-89.

[4] 杜志民.整体观照，聚焦习作单元读写融合———以统编版五年级上册说明文习作单元教学为例 [J].新教师，2021（8）：35-36.

[5] 孙小冬.整体统合，先写后读，多次习作———五年级上册习作单元教学思考与建议 [J].小学语文教学，2021（2）：103-105.

[6] 吴冕.遵循习作心理 创生习作支架——统编教材习作单元教学支架群的学理分析及应用策略 [J].语文教学通讯，2021（27）：61-63.

第 四 章

小学数学学科
实践中的"可见学习"

从"可见学习"方面渗透学科思想，在教学设计中融入学科思想方法，同时关注数学在生活中应用意识的建立，注重让数学思维可见、让学生的思考过程可见，关注学生深层次理解的实现。

聚焦核心素养，促进深度学习

刘智兵

荀子说"不闻不若闻之，闻之不若见之，见之不若知之，知之不若行之。学至于行之而止矣"。真正的学习要深度参与其中，"让学习可见，让思维发生，让文化浸润，让生命灵动，让素养表现"，激发学生的内在潜能，促进学生核心素养发展，实现科学育人。

一、加强数学与生活的联系，让学生深度感知

学生的数学核心素养最重要的体现就是学生数学意识的形成。所谓数学意识，就是一种良好的数学直觉，可以让学生从本质上去看待数学问题，这是一种数学学习层次的体现，可以提升学生对数学的敏感性与适应性。让学生深度感知数学概念，有意识地观察数学的表象，可以从客观的事物出发，去理解数学内部的数量关系以及空间关系。

如认识长方体和正方体的认识教学，先提供一组生活中常见的物体图片，以情境引入，激活经验，再让学生说一说它们是什么形状，让学生亲身感知长方体、正方体在生活中广泛存在，激发他们进一步认识长方体、正方体的兴趣。让学生深度感知数学概念最好的方法就是在教学中创设生活情境，通过生活与数学学习之间的紧密联系，让学生感受数学无所不在，慢慢地培养学生的数学意识与对数学的敏锐性。同时，当下的小学数学教材图文并茂、知识灵活，这无疑为教师实施生活情境教学提供了有利条件，有利于学生数学意识的形成。

二、利用数形结合直观教学，让学生深度理解

爱因斯坦说："真正可贵的思维是直觉思维。"直觉思维是人脑对事物、问题、现象直接领悟和洞察的一种思维形式。

例如，教"几倍求和的应用题"时，我出示了例题：小明家养鸡24只，养的鸭是鸡的5倍，养的鸡和鸭一共有多少只？我并没有急于让学生解题，而是让他们画线段图，然后让学生自己尝试做题。在交流时，一些学生除了用"24×5+24"这种方法，还用了"24×（1+5）"的方法。我问他们是怎么想的，他们都说是看到线段图后想到的。由此可见，线段图除了帮助学生理解数量关系外，还可以激发学生的创新能力。在小学数学教学中，数形结合是学生对数学宏观体现的一种把控能力，同时也是对数量最直接的一种判断能力，可以帮助学生更加简单、快捷、高效地学习。提升学生的分析能力与归纳能力，最终形成一种科学的数学直觉，可以让学生深度理解数学知识，是学生数学核心素养的一种体现。

三、引入项目学习策略指导，让学生深度参与

解决问题经验的积累、方法策略的内化，在很大程度上是交流与反思的结果。案例："估计一版报纸有多少字"。老师先让学生独立思考后说说自己打算怎样估计，先估计一块，再估计整版。接着让学生在三种方法中选择一种进行估计。估计完再进行交流。这两次交流意义不同：第一次交流估计的策略，通过交流使一部分还没有想起策略的同学得到了启发，估计时就不会茫然无序；第二次交流具体的估计方法，在同学们的互相补充中来完善自己的方法。

许多研究表明，学生在解决问题中之所以失败，常常不是因为缺乏相关的知识和认知策略，而是对知识和认知策略的无效运用。学生的评价、反思意识和水平对提高学生解决问题的能力起着重要的作用，教师要善于引导学生对解决问题的过程和方法进行反思和评价，促进"策略"的形成。

总之，"解决问题"教学要变"教解法"为"策略指导"，让学生深度参与，引导学生学会从复杂的情境中解读数学信息，注重解决问题过程中的体验和解决问题方法的积淀，提升学生的数学素养。

四、设计学生的学习活动，让学生深度构建

让学生学会思考，特别是学会独立思考，是数学课程培养学生创新能力的核心，让学生参与观察、实验、猜想、证明等数学活动，自主学习，发展数学思考能力，清晰地表达自己的想法，这些又正是重要的数学思想。学生自己动手实践过，体会过，才能更好理解知识。

例如，教学认识长方体时，提问：我们要从哪几个方面去研究呢？而你们想研究什么呢？棱、顶点想研究什么呢？请小组交流一下。长方体作为最基本的立体图形，是学生从二维空间转向三维空间学习的起始，在学习时，学生经历了研究一个立体图形，可以从面、棱、顶点三个方面进行研究，今后可以迁移到其他立体图形的学习中，形成"立体图形"研究的基本思路。尊重学生的主体地位，加强动手操作，让学生主动思考、主动探究，经历知识的形成过程。认识长方体，你们想从哪几个方面去研究？面想研究什么呢？棱、顶点想研究什么？真正把研究的自主权还给学生。学生有直观认识长方体和生活中大量感知长方体的基础，学生的自主学习有基础保障。在小组交流讨论中，学生有目的、理性地去观察长方体，在观察、感知、操作、思考、想象中，自主探索长方体关于面、棱、顶点的特征，积累丰富的表象，发展空间观念。

设计以学生为主体，让学生在自主探索、自主思考的过程中，完善自己的思考，真正理解知识，掌握知识，从而深度构建知识。在这一过程中，学生不再拘泥于单一知识点的应用，经过广泛涉猎相关题材，使得学生思维进一步发散拓展，综合分析问题能力和经验进一步巩固和完善，并在动手操作的过程中运用所学的方法策略创新性地提出后续问题，触类旁通地解决更多实际问题，开拓更广阔的数学思维空间。

五、发展数学语言表达能力，让学生深度交流

数学为人们提供了一种描述与交流现实世界的表达方式。小学数学中有丰富的数学语言，有文字形式的、符号形式的、图形形式的等，而首要的就是要读懂这些数学语言，也就是能够理解这些数学语言的意义，发展学生的数学语言表达能力。

例如，文字形式的数学语言是普遍的，在应用题中通过实际情境的描述，

给出条件和问题，要求学生解答并符合实际情境。第一步就是要能够捕捉关键词句找出条件，这就需要对描述语言进行推敲，弄清词句的联系，理解题意。符号形式的数学语言也是相当典型的，学生需要掌握数学符号的意义，能够运用数学符号进行表达和运算。图形形式的数学语言在小学阶段的出现率不高，但是也十分重要，对于小学生几何空间思维的发展具有重要作用，学生需要读懂图形，领略图形表达的数学意义。

因此，数学语言学习不能忽视，它对思维培养有着重要作用。通过深度学习，让学生与数学知识对话，与他人对话，与自我对话，从而形成积极、主动的学习态度，形成数学的表达与交流的能力，发展应用意识与实践能力，有效地发展学生的数学核心素养。

"可见学习"之抓住核心

吴涛

什么是"可见学习"？浅层理解：一是让教师看得见学生的学，教师始终知道自己的作用；二是让学生看得见教师的教，让学生逐渐成为自己的教师。深层理解是学生如果看见了自己的学习进步就有可能激发出进一步学习的兴趣或热情，还有学生的差异性决定了他们学习层次的不一致，教师必须因材施教，确保每一个学生至少是大多数学生都能看到自己的学习进步。就此，我想简单谈谈"可见学习"之抓住核心。

马克思主义告诉我们，影响事物的发展因素有内外因之分，内因起决定作用。教学工作也是一样的道理，教学资源（多媒体、教室、教学计划、资料等）这些属于外部因素，我们真正应该特别注意的是促使孩子们学习有效的因素。首先要明白自己在学生心目中的影响力，让学生的学习行之有效；其次授人以鱼不如授人以渔，要教给孩子们学习的方法，让孩子们能成为自己的老师，对学习感兴趣，有着终身学习的能力。我们有的时候过于注重外部因素，而忽略了更重要的抓核心，先问问自己的目的是什么。老师在课堂上做的活动和对孩子们的干预会起到一定的作用，但是有的干预起到的效果更好一些，那么在平常的教学中，我们要仔细寻找并在课堂上多用高效的策略，从而达到更好的可见的效果。作为一名小学数学教师，要从教学实践出发，不断探索和努力，采取多样化的教学方式及多渠道的途径对学生的数学核心素养加以培养。

一、创设生活情境，培养数学兴趣

在小学数学教学的过程中，学生的学习兴趣不足是导致教学难以顺利进行的关键因素。所以在课堂教学的过程中，为了培养学生的学习兴趣，促进学生数学核心素养的形成，教师首先应该加强对学生兴趣的培养，使得学生能够主动参与到课堂学习中，现阶段情境教学模式是激发学生学习兴趣最有效的方式。首先要促使学生对数学产生浓厚的学习兴趣，从而能以学习为乐事，在主动及快乐中完成学习。在教学中，我们应该积极创设生活情境，采取多样化的方式培养学生的数学兴趣。当学生产生了浓厚的数学学习兴趣，其往往可以敏感地对数字、数量关系进行感知，甚至可以在生活中捕捉到大量蕴含数学知识的现象，以此丰富其数学体验。要引导学生在生活情境体验中自主地调动其已有的生活经验对数学知识进行感知、理解，以此循序渐进地提升其数学兴趣。例如，在教学《年月日》时，从学生的生活实际出发，立足教学，利用多媒体技术为学生创设生日聚会的生活情境，引导学生在情境体验中就各自的生日进行提问，或者询问在某年某月某日所发生的一件有趣的事情。

二、掌握运算方法，培养良好数感

数学运算是指在明晰运算对象的基础上，依据运算法则解决数学问题的过程。它是数学教学活动的基本形式，也是培养学生数感的一种重要形式。在数学运算的过程中，培养学生数学运算能力，有效借助运算方法解决实际问题，培养学生良好数感的发展，是学生核心素养培养的有效途径。例如，在学习"观察物体"的相关知识时，教师就可以组织学生自己动手对不同的物体进行制作，以此来加深学生对物体的了解。在学生制作完成之后，教师就可以带领学生对自己所制作的物体进行观察，加深学生对知识的记忆。这种教学模式，既能够激发学生的学习兴趣，调动学生学习的积极性，又能够为学生数学核心素养的形成奠定基础。

三、引导发散提问，培养多项思维

对小学数学学科而言，解题的答案结果是唯一的，但是解题方法及途径却是多样的。在解决问题的过程中，教师引导学生多角度地发散提问，将有利于培养和发展学生的求异思维、发散思维、逆向思维等核心素养所提出的多项思维。例如，执教《用方向和距离确定位置》一课中，精心设计的提问，既读透了知识结构的明线，又充分挖掘暗线内涵，用这条暗线引领教学，进行再创造、再建构。教师发散提问："大海的天气太恶劣了，信号传输时断时续，接收员分3次接收到了全是反着的信息，如果你是救援船船长的话能确定故障船的位置吗？""距灯塔3千米……""30°……""北偏东方向……""可能在哪儿？"这些问题发散出示，演绎出了由面到线，再到点的分析、抽象、概括的过程，让学生积累了数学活动经验，提升了其多项思维的能力。

四、鼓励学生进行合作学习，培养学生的团队意识

在教学的过程中，为了培养学生的团队合作意识，促进学生数学核心素养的形成，教师就要加强对教学模式的创新，鼓励学生以合作学习的模式进行学习。

以"分数的加法和减法"为例进行分析，在教学的过程中，教师可以根据学生的学习能力将学生分成不同的小组，让学生自己对问题进行讨论。由于每个学生的思维模式都不相同，所以学生对问题的计算方式也都存在差异，这能够帮助学生掌握更多解决问题的办法，对学生全面发展有着重要的影响。

五、开展实践活动，培养探究能力

在实践活动中，学生获得直接经验，发展实践经验，形成发现问题、思考问题，解决问题的能力。以《了解千米》综合实践活动为例，在教学活动中，教师将本次活动划分为了两个部分。其中，第一部分是"走走看看"，引导学生在新知学习之后，以小组的形式，亲自走到操场、社区、公园等场所看一看，感受一下1千米是多少。第二部分是"查查填填"，在教学活动开展之后，设计了富有实践性的家庭作业：学生以小组为主要形式，到学校操场上，对跑道的长度进行测量。利用皮尺测量出50米、100米、200米等距离，并亲自走一走，看看会花费多少时间，体验其中的距离差。学生在这样的实践活动中，不仅可以亲身感受到千米，还可以在知识巩固的过程中获得整理、分析数据等探究能力的发展。

总之，希望我们在新思想的指引下对教学的内容与模式不断进行创新，进而实现对学生的综合培养，促进学生数学核心素养的形成，为学生日后的发展奠定基础。

基于"可见学习"的小学数学课堂教学实践探究

——以《打电话》为例

胡海燕

　　"可见学习"这个概念是由约翰·哈蒂教授提出来的，一经提出就在教育界引起了巨大的反响。近年来，"可见学习"越来越为大家所关注，已经成为教育界的一个热点话题。所谓的"可见学习"，就是学生的学要对教师可见，也指教学要对学生可见，简而言之就是老师的"教"和学生的"学"都要是对双方可见的。而目前课堂教学的本质就是教师与学生之间的一种交流，那么约翰·哈蒂提出的"可见学习"让学习的过程对师生双方可见，其实就是要让课堂上师生的交流更加深入，这样学习才会更加有效。因此将"可见学习"的相关理论研究结果合理地运用到我们的数学课堂教学中来，将大大改进我们实际的课堂教学，提高我们的课堂教学效果。那究竟如何在实际的教学中践行"可见学习"呢？如何运用"可见学习"的相关理论展开我们的课堂教学呢？这里我选择了人教版五年级数学下册中的《打电话》一课作为案例进行实践教学探究，下面主要论述我如何在实践教学中实现"可见学习"。

一、让学习目标可见

　　"可见学习"的相关理论指出，当学习有清晰的目标，具有适当的挑战，学生和教师都以他们不同的方式致力于确定所追求的目标是否实现以及实现的程度如何时，可见的教和学就会发生。

　　对于每一节课的学习目标，教师在备课过程中肯定是十分清楚的，整个教学设计也是教师为了实现学习目标而写好的剧本，所以学习目标对教师来说自然是可见的，关键是如何让一节课的学习目标对学生可见？结合《打电话》一课的实际我认为应当采取"问题解决教学"。首先，《可见的学习》一书中就有理论表明"问题解决教学"的效应量是0.61，远高于效应量的平均值0.40，说明这一教学策略是有着明显正效应的。其次，"问题解决教学"与让学习目标可见的目的性不谋而合，提出要解决的问题，其实也就是确定了这节课学习的目标，让学习目标具体化。最后，《打电话》这一课本身就是围绕"如何打电话最省时"这个实际问题来展开讨论的。因此在教学设计中，我毫不犹豫地选择了"问题解决教学"方式，在教学设计中一开始就让学生明确了今天课堂学习中要解决的问题，从而实现了学习目标对师生的可见。下面是对应环节教学设计。

师：今天请大家看一则报道。（播放四川阿坝州火灾视频）

PPT呈现文字：凌晨1点，医院突然接到多名火灾重伤患者，值班护士需要尽快打电话通知全医院127名医生来为伤员准备紧急手术。如果护士通知1个人需要1分钟，怎样通知最省时？最少需要多少时间才能通知到每一个人？

师：谁来试着说说这个问题中的关键信息是什么？

生整理信息并叙述。

师：说得很好，今天我们就一起来研究打电话中的数学问题。为了方便思考，我们就从一个简单的数——7来研究这个问题。到底怎样尽快通知这7个人呢？

《打电话》这一课的教学目的其实是要让学生探究打电话的最优方案，但是情境导入中要通知127个人，127这个数太大了，并不便于学生开展研究，因此我将研究数据缩小到7，从而在渗透化繁为简的数学思想的同时，让学习目标进一步对学生可见。

二、让学习过程可见

（一）自主探究——让学生的"学"可见

那如何在学习过程中实现可见的教和学呢？《可见的学习》中指出"只有教师理解了每个学生是如何学习的，他们才能进一步决策如何教"。布兰斯福德等人经过研究后也认为课堂应当以学习者为中心。所以要让学习过程可见，很重要的一点就是要让学生的"学"被看见。

那么在"打电话"的过程中学生究竟是如何思考的，他们的思维过程才是最需要被看见的，这也是教师后续教学的起点。因此，在教学中我把问题丢给学生后，给了充足的时间让他们独自思考自主探究。为了让学生的"学"可见，我要求每个学生记录自己打电话的方式，以此将内在的思维过程呈现出来。下面是3个具有代表性的学生的思维过程（图4-1）。

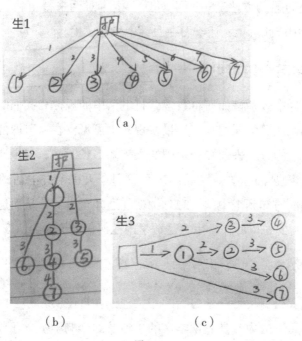

图4-1

（二）对话式教学——让"教""学"可见

《可见的学习》的一大主题是改变课堂中听和说的比例，教师要减少讲的比例，增加倾听的比例。亚历山大也认为对话式课堂对学生的参与和学习有很强的效应。

基于此，在学生充分思考并记录了自己打电话的方案之后，我让同桌之间互说自己的方案，最后也让个别学生展示自己的方案并对着方案边指边说自己是如何打电话的，这样学生的学就完整地呈现在了课堂之上，老师和其他学生都可以清楚地了解到他们的思维过程。

此时，教师通过倾听能够知道学生的思维，也就是让学生的"学"可见，知道学生学习的起点，就能调整后面教师的"教"。当生1展示自己的方案，一个一个地打电话通知7个人需要7分钟；生2展示自己的方案，只需要4分钟；生3展示自己的方案只需要3分钟时，教师就要开始展开对话式教学，让学生围绕"为什么生2的方案比生1更快？""生3的方案为什么最快？"展开充分的交流讨论，也就是生生交流，让学习在对话中发生。接下来在汇报中师生交流，不断优化出打电话的最优方案就是"知道消息的人同时通知，都不闲着才最省时"。让解决问题的方法通过师生对话、生生对话来得出，这样让"教"和"学"在对话中彼此可见，让学习在对话中自然发生。

三、让学习结果可见

在教学设计中教师该如何将数学课打电话中的规律和我们的现实世界结合在一起呢？如何让数学课的学习结果在现实中可见？在这节课的最后我让学生猜想按照打电话的方式去通知全中国的人需要多长时间，如果通知全世界呢？最后给予相关数据，让学生发现，按照我们今天这个打电话的方式，理论推算，31分钟就能通知到全中国，32分钟就能通知全世界，从而达到数学与真实世界相联系的目的，以此让学生感受数学中几何倍增惊人的速度。

四、结束语

以上只是我根据"可见学习"的相关理论在自己实际教学中的一次实践探究。"可见学习"的内涵是非常丰富的，涉及的影响学生学业成就的因素也非常多，针对不同的课型在实践中教师侧重考虑的因素肯定也不尽相同，但是让学习可见，让"教""学"互见是我们所追求的，因此"可见学习"理论与实践的结合值得我们继续深入探索！

参考文献：

［1］谢建军.可见性学习与初中数学教学的有效融合［J］.中学课程辅导（教师教育），2020（7）：41.

［2］张君霞.深度操作，提高高阶思维能力［J］.教学月刊（小学版数学），2021（1）：94-97.

［3］贲友林.学为中心，让学生学习真实可见［J］.湖北教育（教育教学），2018（12）：20-21.

［4］约翰·哈蒂.可见的学习（教师版）［M］.金莺莲，洪超，裴新宁，译.北京：教育科学出版社，2015.

基于"可见学习"浅谈数学课堂中的
核心素养的培养

——从方程教学出发，让抽象变直观，为学生插上腾飞的翅膀

李俊

"可见"，首先指让学生的学对教师可见，确保教师能够明确找出对学生学习产生显著作用的原因，其次指使教学对学生可见，从而使学生成为自己的老师——这是终身学习或自我调节的核心属性。以上的观点与数学核心素养在主体方面的目标相同，小数数学的核心素养目的是在数学的教学过程中培养学生的数学抽象、逻辑推理、数学建模、直观想象、数学运算、数据分析等方面的素养和能力，通过具体的教学内容让学生融入数学的知识海洋，潜移默化地引领、带动，使其主动改变思维方式，养成优秀的思维品质！

一、基于"可见学习"，谈谈教师的"教"

小学数学教材中的每一个单元都是经过精心挑选的，蕴藏着丰富的数学知识。教师需要在深入分析教材内容的基础之上，全面把握教材的整体结构，从数学教学的整体脉络出发，对教材中所涉及的核心素养要素进行挖掘，使教材成为学生走进数学世界的敲门砖。课程标准中明确指出在小学高段的数学教学中要使学生通过观察、实验、猜想、验证等活动发展合情推理能力；能进行有条理的思考；能比较清楚地表达自己的思考过程与结果。如何高效地完成这一目标？首先我会思考这样几个问题：如何让教材更加生动、更加直观地呈现在学生面前，让知识可见？如何让抽象的知识变得直观的同时又能培养学生们分

析和解决问题的能力，让能力可见？

通过对用方程解决实际问题这种具体题型形成策略和方法，由此希望学生对利用"可见"等量关系式的理解和运用解决生活中的大多数实际问题形成统一认知，逐渐建模促进学生的思维品质的培养。

二、基于"可见学习"，谈谈学生的"学"

笔者通过问卷调查发现绝大多数的学生在思考数量关系时，常常采用算数思路。他们觉得等量关系式对于解决问题至关重要。多数觉得对等量关系式的理解和分析有助于对题目条件和问题的深层次的理解，且能轻松找到大多数问题的等量关系式，学生体会到等量关系的出现直接关系到方程的列出……但问到在解决问题的过程中你为何不喜欢列等量关系式时，绝大多数学生认为我已经在脑海中分析出来了，不需要列出来，另外有的学生觉得题目关系很明确没有必要列，还有一部分学生认为列等量关系式是浪费时间，没有必要。

在问到你有没有体会到列等量关系式对于不是利用方程解决的实际问题的帮助时，多数学生表示没有这种感觉，只有极少数的同学声称对此有一些体会，但是不深刻。

基于以上调查的结果，可以做出如下总结：①学生习惯利用算式法分析和求解。②绝大多数学生对关系量的理解和运用足以应付目前书本上的大多数内容，所以不需要列等量关系式。③部分学生在脑海中已经形成等量关系式的雏形，认为没有必要写。④一些学生觉得等量关系式写起来麻烦，能省就省。⑤等量关系式可以解决的问题的类型比较单一。

让思维可见，让学习的过程可见。把可见的形式如对等量关系式的理解和运用根植于脑海深处，会让代数思想和学生建立更深的联系。

三、等量关系式让解决问题变得直观，是让解题 "可见"的重要举措

对于教学等式性质的理解和运用，相信多数教师会利用实物天平进行教学，再辅以动态演示加深理解，有条件的学校还会让学生到科学实验室结合实物动手操作。这些可见的教与学的方式会大大促进学生理解等式性质。

但是在用方程解决实际问题的教学运用上，我们如何让解决问题的思维过

程可见呢？怎么让学生从心里接受方程来解决实际问题的思路和方法呢？

在教学中我们可以有意从关系式适用范围入手，打破传统的等量关系式只能列方程求解的误区，从分析数量关系开始引导学生，对比算式法与代数法在解题思路上的异同，促使学生对等量关系式予以认同。可采用实物、线段图等辅助手段等以可见的形式进行教学，只有认同了等量关系式的作用和价值，才能真正从本源上体会代数方法，即方程法带给我们的思维和分析能力上质的飞越。

例1　图4-2是一面我国唐代外圆内方的铜镜。铜镜的直径是24 cm。外面的圆与内部的正方形之间的面积是多少？

图4-2

根据图上信息很容易发现：要求的面积=外面圆的面积-内部正方形的面积。

而这恰恰就是一个等量关系式。如果对于等量关系式非常了解，也就很容易找到解题的思路和方法。

例2　噪声对人的健康有害，绿化造林可降低噪声。绿化带降低了噪声以后，人能听到80分贝（图4-3），那原来听到的声音是多少分贝？

80分贝

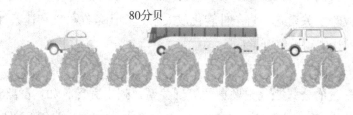

噪声降低$\frac{1}{8}$

图4-3

这道题如果利用以往的思路可能很难分析，但是通过线段图的理解不难发现：人能听到的声音大小=原来的声音大小-降低的声音或者人能听到的声音大小=原来的声音大小×（$1-\dfrac{1}{8}$）。

根据等量关系式，我们只用设出原来的声音大小就可以顺利解决问题。

在方程的教学活动中我们往往会强调等量关系式的理解，这是因为等量关系式的确立是在用方程解决实际问题的关键因素，它能帮助我们在错综复杂的条件中分析出解题思路，指导我们设未知数以及列方程；它是将文字信息转化成数学信息的桥梁，也是让教学过程变得直观"可见"的重要举措。

四、分析等量关系式的方法

（一）直列法

根据题目的意思，在题中找到"等于""和""是""为"等字眼，直接列出方程。

例3　假如老师在假期外出旅行一周，这一周各天的日期之和是84。你帮老师算一算，老师是几号回家的？

分析：等量关系为：日期之和=84。

解：设第一天日期为x，那么就有第二天为（$x+1$），第三天为（$x+2$），第四天为（$x+3$），第五天为（$x+4$），第六天为（$x+5$），第七天为（$x+6$）。

$x+$（$x+1$）$+$（$x+2$）$+$（$x+3$）$+$（$x+4$）$+$（$x+5$）$+$（$x+6$）$=84$从而解出方程即可。

这里对关键字词的寻找，是列等量关系式的关键步骤，所以要让关键字词可见。开始我们可以用红色或者加粗的笔迹加以提醒。善于利用关键词能够帮助我们寻找等量关系式，将条件转化成关系式，让条件可见，让条件与条件的关系可见，让解题思路可见！

（二）公式法

运用学过的公式来找出题中的等量关系，列出方程，如："路程=速度×时间""总价=单价×数量""工作总量=工作效率×工作时间""利润=售价−成本"等。

例4　一家商店将某种裤子按成本价提高50％后标价，又以八折优惠卖出，结果每条裤子获利10元，每条裤子的成本是多少元？

分析：本题为打折销售问题，则等量关系为：售价−成本=利润。

解：设每条裤子的成本价为x元。根据题意可得方程：（x+50%）×80%-x=10。解方程得：x=50。

利用已有知识和经验帮助解决问题是我们数学不断发展的内核，正是利用知识的迁移我们才能发现和解决更多的问题。由此看来，学会联想和归类也是学好数学的必要素质，利用联想可以帮助我们快速地找寻等量关系式，直观地解决问题。

（三）同一法

此类题目的解题原理是：如果同一个量能用两个不同的代数式表达，则这两个代数式必然相等。

例5　小明每天早上要在7：50之前赶到距家1000米的学校上学。一天，小明以80米／分的速度出发，5分钟后，小明的爸爸发现他忘了带语文书。于是爸爸以180米／分的速度去追小明。问题：（1）爸爸追上小明用了多长时间？（2）追上时距学校还有多远？

分析：小明爸爸追上了小明，所以，爸爸所走路程=小明所走路程。

解：设追上小明用了x分钟。根据题意可得方程：

（1）400+80x=180x　解方程得：x=4

（2）追上小明时，爸爸走了720米，所以离学校：1000-720= 280（米）

利用线段图分析稍复杂的问题，可以更快更直观地进行数量的对比以及分析，更加容易地寻找条件之间的关联，从而利用隐藏等量，列出等量关系式。

（四）总分法

根据总量等于各分量之和来列出方程，注意用此方法时分量不可有所遗漏。

例6　"过路的人啊！这儿埋葬着丢番图。请计算下列题目，便可知他一生经过了多少寒暑。他一生的六分之一是幸福的童年，十二分之一是无忧无虑的少年。再过去七分之一的年后，他建立了幸福的家庭。五年后儿子出生，不料儿子竟先其父四年而终，只活到父亲岁数的一半。晚年丧子老人真可怜，悲痛之中度过了风烛残年。请你算一算，丢番图活到多大，才和死神见面？"

分析：等量关系为总年龄=各部分年龄之和。

解：设他活了x岁。根据题意可得方程：$\dfrac{x}{6}+\dfrac{x}{12}+\dfrac{x}{7}+5+\dfrac{x}{2}+4=x$

解方程可得：x=84

答：他活了84岁。

（注：用此方法求解一元一次方程应用题时，要注意不要将其中的分量少加）

五、利用数学的符号化，让等量关系式插上翅膀

在列等量关系式的时候，大部分的学生是不适应的，因为和以前的解题习惯不一样。对于新的方法，学生本能地会有一些抵触也是能够理解的，理由也很简单，写起来麻烦！但是对于解决实际问题来说，它是直观和抽象的桥梁，有了这个工具我们可以更好地、更轻松地解决问题！这两者出现了看似不可调和的矛盾，我们在教学的时候不妨让学生简写，在能够表达这个量，不会出现混淆的同时尽可能地简化，如甲的速度可以写成$V_{甲}$，商品总价写成总价。这样可以鼓励学生发明创造，既可以提高课堂效率，又可以激发学生学习数学的兴趣和热忱。

通过不间断的实施和思考，通过大量的可见的实物对比、线段图的对比，大部分学生能领会利用等量关系式分析解决实际问题的好处并坚持下来，形成解题的模型。这能让他们对各种量，以及量与量之间关系的理解更加清晰。对等量关系式的高效利用能真正促进学生的学业水平，使其接触到一个更加浩瀚、有趣的数学世界。